日本企業の
CSR経営

*CSR Management in
Japanese Corporations*

谷本 寛治 著

千倉書房

はじめに

　企業は，経済的な役割・責任のみならず，同時に社会的・環境的な役割と責任が求められるようになり，その上で企業の存在意義や正統性が問われるようになっている。企業に期待される役割・責任というものは，時代とともに変化している。今では，CSR を企業経営に組み込んでいくこと，さらに社会的・環境的な課題に，フィランソロピー活動にとどまらず，本業の経済活動として取り組んでいくことが期待されている。持続可能な社会づくりを目指したイノベーションの創出が，新しい可能性を広げている。こういったテーマは，企業の社会的責任（CSR）として，ここ 10 年から 20 年の間で活発に議論されるようになってきた。経済社会の持続可能な発展が求められる時代において，企業に期待される CSR のテーマは大きく広がっている。

　本書は，2000 年代後半以降における日本企業の CSR に対する取り組み状況を定性的・定量的に分析し，その現状と課題を検討したものである。日本における CSR の議論は，2000 年代に入って欧米からの潮流を受けて本格的な対応が始まり，2000 年代半ば頃からは一種のブームになった。それ以降，多くの大企業が CSR というテーマに取り組むようになり，CSR 部署や CSR 担当役員の設置，CSR 報告書の発行など，制度化が急速に進むようになった。当初，日本企業はすでに CSR に取り組んでいる，あるいは本業が社会に貢献しているのだからとくに CSR ということは必要ないという声もあった。しかし，グローバルな議論の潮流を理解するにしたがって，こういったプリミティブな声はほとんど聞かれなくなった。また CSR は無視できないが，CSR はイコール「コンプライアンス」，「フィランソロピー」だという理解も当初見られたが，それもあまり見られなくなってきている。今日グローバルに問われている CSR とは，本業・企業経営のあり方そのものを問うものであり，その意味で非常に広い領域をカバーするものである。また CSR の理念・指針は，将来ど

のような企業になろうとしているのかを示すものである。企業の活動が社会の持続可能な発展に貢献するものであるという理解から，その事業のあり方や戦略自体が問い直されている。

　企業経営における現場での取り組みが進むにつれ，学界におけるCSR研究も活発になっている。以前から「企業と社会」に関する研究をしている研究者のみならず，戦略，組織，人事，財務，生産管理，マーケティング，会計など関連する領域からの関心も広がり，研究する人々も増えてきた。この10年あまりの間で，グローバルには関連する新しいJournalがいくつも刊行されているし，既存のJournalにもCSRに関する論文が急速に増えている。またCSRやSustainabilityにかかわる新しい学会の設立やConferenceの開催のみならず，伝統的な学会においても関連するテーマを取り上げるようになっている。この領域の研究は急速に広がり，厚みも増し，周辺的な位置づけから中心的な位置づけになろうとしている。日本ではまだ研究の広がりは薄いが，この領域への関心は高まりつつあり，今後の展開が期待されている。

　ちょうど本書の原稿をまとめている時期，Greenleaf社の*Journal of Corporate Citizenship*が，Japanese Approaches to CSRという特集号を組み，論文を募った。筆者はこの特集号のvisiting editorを依頼され編集を担っているが，多様な視点から多くの投稿があり，国際的な広がりをもって関心が伸展していることを実感している（2014年末発行予定）。

　CSR研究は，応用の領域である。CSRという学問があるわけではない。CSR現象には，伝統的な経営学という枠組みだけでは捉えきれない広がりが見られる。一般的に，CSRにかかわる個々のテーマについて，経営学，経済学，社会学，政治学などそれぞれ一定のディシプリンに則りながら，問題を捉え，分析している。しかしながらこの問題は現象として複雑であり，複合的であり，あまり単純な分析枠組みから捉えようとすると，その本質は正しく捉えられない。インター・ディシプリナリー，あるいはトランス・ディシプリナリーな視点が求められる。またインタビュー調査において担当者の声を言葉通り受け止め解釈しようとしても，あるいは単純な相関分析を行うだけでは，その

意味や背後にある動きは理解できず，現実とは異なる結論に至る可能性もありうる。またその研究がどの立場・視点からなされているのかということも重要である。同じ CSR 現象を分析すると言っても，立場・視点が異なると，議論，解釈，そして結論が異なる方向に至ることになるし，また学問の実践性ということの意義も変わってくる。もちろん社会科学におけるそのやっかいさは CSR 現象に限らないが，CSR はとくに企業と社会の相互関係性から生まれてくる課題であり，経済的要素と社会的要素が絡み合うため，注意深く考えなければならない研究対象である。

　こういった視点を意識しながら，本書は日本企業の CSR 経営について定性的・定量的な分析を行い，今後の課題・方向性について考えていく。その構成は次の通りである。
　第 1 章「企業社会の構造変化と CSR」では，日本の企業社会においてここ 20 年あまりの間に企業とステイクホルダーとの関係が変化してきたこと，そしてグローバルな潮流を受けて CSR への理解が広がってきたことを，企業と社会の相互関係の視点から概観する。
　第 2 章「CSR の源流と現在の CSR」では，日本には日本の CSR の起源として，近江商人の三方よしの伝統があると言われているが，それが果して現在の CSR 経営の理念のベースとして継承され，生きてきたのかどうかについて考える。
　第 3 章「CSR と海外投資家」では，日本の CSR への取り組みがグローバルな市場の動向に大きく影響されているが，とくに海外からの投資がどのような影響を与えているかを見ていく。日本の経営者が海外投資家をどのように認識しているか，外国人持ち株比率，国際商取引，企業規模などと，CSR への取り組み具合との関係性を検証する。
　第 4 章「CSR と働く両親」では，CSR 課題の一つとして注目されている働く両親への支援策の特徴について考える。支援がしっかりしている産業・企業にはどのような特徴があるか。外国人持ち株比率，CSR への対応，企業規模

や女性従業員のプレゼンスなど，いくつかのポイントから分析していく。

第5章「CSRとマネジメント・プロセス」では，2000年代半ば以降CSR経営の制度化が急速に進んできたが，組織の現場ではどのような問題に直面し，対応してきたのか。CSRを経営プロセスやガバナンスの仕組みに組み込んでいく際の課題について，事例研究を通して検討する。

第6章「CSRと責任ある競争力」では，CSRを事業に組み込んでいる事例を日欧の企業から取り上げ，それぞれの課題への取り組みを通して，責任ある競争力戦略がどのように機能しているかを考える。企業はCSR課題に対応していくに当たって，創発的な戦略思考が求められる。

第7章「CSRと公共政策」では，個々の企業がCSR活動を自主的・自発的に行えば，自動的に社会の持続可能な発展につながっていくのだろうか，ということを考える。伝統的な公共政策のみならず，規制か自発かを超えた中間レベルでの自己組織的協同的選択の戦略の可能性についても考える。

第8章「ソーシャル・イノベーションの創出プロセス」では，社会的な課題の解決にビジネスで取り組むに当たって，ソーシャル・イノベーションが求められるが，それがどのように生み出されるのか，イノベーションの創出プロセスについて，マルチ・ステイクホルダーの視点から解明する。

以上のような構成から，日本企業のCSR経営について検討していくことにする。本書は，日本企業のCSR経営に関する最近発表した8つの論考をもとにしてまとめたものである。うち3つの論文（第3章，第4章，第6章）は共著によるものであるが，共著者からの許諾を得ており，共著者名は巻末の初出一覧において示している。本書は，元の論文を単に日本語に訳しそのまま再録したのではなく，本テーマに沿って改めて考え直し，大幅に加筆・修正し，内容を補足し，1冊の著作としてまとめている。もともと字数制約によって省いた部分や舌足らずで説明不足であった部分などは可能な限り修正し，また必要に応じ内容をアップデートし加筆している。

全体として日本企業がCSRを受け止める背景から現状分析，今後の動向まで考察しているので，第1章から順に読んでいただければ，その流れがつかめ

ると思う。また一つひとつの章は独立して読むこともできるので，関心のあるところから読んでいただくことも可能である。

　なお，原論文の訳出作業は，前田佐保，齊藤紀子の2人が担ってくれた。彼女らの協力がなければ，本書は誕生しなかった。2人はそれぞれ分担し，昨年初めから少しずつ作業に取り組んできてくれた。それを踏まえ，加筆・修正を行い，まとめている。感謝の意を表すとともに，彼女らの今後の活躍を期待したい。

　1つの著書をまとめながらいつも思うことであるが，内容的には不十分でありながらも，現時点での成果を取りまとめる。その最後のプロセスにおいて，割付，組判，校正，製版，印刷，製本と，本に仕上げていくプロセスを見守りながら，一つの区切りを付け，また次の歩みを進めていく。とくに校正の作業は，私としてはある意味「諦め」と次への切り替えを確認する「儀礼」のプロセスのような気もしている。

　最後に，専門書の出版状況は厳しさを増すばかりであるにもかかわらず，今回も本書の出版を引き受けていただいた千倉書房には感謝したい。また出版に当たっては，今回も編集部長の関口　聡氏のお世話になった。大学院を出てまもなく初めてまとめた研究書を千倉書房から出版した頃から長いつきあいをさせていただいている氏が，本年末定年を迎えられることになるとは，月日の経つのは早いものだと実感する。研究者は，編集者からアドバイスを得たり，励ましを受けたりしながら，一つの成果を世に著すことができる。これまで長きにわたり支援いただいてきたことは，幸運なことであったと思う。記して感謝の意を表したい。

　　　　2014年6月

　　　　　　　　　　青葉光る西早稲田にて　谷　本　寛　治

目　次

はじめに

第1章　企業社会の構造変化と CSR ……………………………… 1
1. 問題提起 ……………………………………………………… 2
2. 日本の企業社会と CSR ……………………………………… 3
3. CSR の概念 …………………………………………………… 7
4. 企業とステイクホルダーと従来の関係 …………………… 10
    4.1. ステイクホルダー・モデル ………………………… 10
    4.2. 第一次 CSR ブーム …………………………………… 12
5. 企業とステイクホルダー間の関係の変化 ………………… 13
    5.1. 株主との関係 ………………………………………… 14
    5.2. 従業員との関係 ……………………………………… 15
    5.3. サプライヤーとの関係 ……………………………… 16
6. 結　論 ………………………………………………………… 19

第2章　CSR の源流と現在の CSR ……………………………… 25
1. 問題提起 ……………………………………………………… 26
2. 三方よしの源流 ……………………………………………… 27
    2.1. 近江商人とは ………………………………………… 27
    2.2. 三方よしとは ………………………………………… 29
    2.3. 利潤について ………………………………………… 30
3. 三方よしと CSR ……………………………………………… 31
    3.1. 世間と社会 …………………………………………… 32
    3.2. 理念の継承 …………………………………………… 33
    3.3. 現代の CSR との違い ………………………………… 35
4. 結　論 ………………………………………………………… 37

第 3 章　CSR と海外投資家 …………………………………39
1. 問題提起 …………………………………………………40
2. 日本における海外からの投資の増大 ……………………43
3. 海外投資に対する 2 つの見解 ……………………………45
   3.1. 短期的利益の追求者としての海外投資家 ……………45
   3.2. イノベーティブな取り組みの普及者としての海外投資家 ………46
4. 分析モデル ………………………………………………48
   4.1. 海外からの投資が CSR の制度化に与える影響 ……48
   4.2. データと分析 …………………………………………49
5. 分析結果と考察 …………………………………………54
6. 結　論 ……………………………………………………56
   ＜付録＞ …………………………………………………59

第 4 章　CSR と働く両親 …………………………………63
1. 問題提起 …………………………………………………64
2. 働く両親支援のための制度的条件 ………………………67
3. 制度的要求に対する企業の対応 …………………………70
4. データと分析 ……………………………………………74
5. 分析結果と考察 …………………………………………79
6. 結　論 ……………………………………………………83

第 5 章　CSR とマネジメントプロセス …………………87
1. 問題提起 …………………………………………………88
2. CSR 経営の制度化 ………………………………………89
3. CSR と経営プロセス ……………………………………93
4. インタビュー調査 ………………………………………96
5. 調査結果 …………………………………………………97
   5.1. 不祥事と制度の見直し ………………………………97

5.2. 社内調整 ··101
　　　5.3. 中期経営計画への組み込み ···103
　6. 考　察 ··105
　7. 結　論 ··108

第6章　CSRと責任ある競争力 ··111
　1. 問題提起 ···112
　2. リサーチ・クエスチョン ··113
　3. 調査方法 ···117
　4. 4つの事例研究 ··119
　　　4.1. イオン ··119
　　　4.2. DKVスペイン ··122
　　　4.3. Mango ···124
　　　4.4. Tecnol ··126
　5. 考　察 ··127
　6. 結　論 ··135

第7章　CSRと公共政策 ···137
　1. 問題提起 ···138
　　　1.1. CSRの失敗？ ··138
　　　1.2. CSRと市場社会 ··141
　　　1.3. 社会的ジレンマの解決 ··144
　2. CSRの制度化の発展と課題 ··145
　　　2.1. 制度化の課題 ···145
　　　2.2. 不祥事と企業の対応 ···147
　3. 公共政策 ···148
　　　3.1. 公共政策の機能 ··148
　　　3.2. マクロレベル：政府の役割 ··151
　　　3.3. 中間レベル：中間組織の役割 ·······································155

4. 規制か自発かを超えて……………………………………157
   5. 結　論……………………………………………………158

第8章　ソーシャル・イノベーションの創出プロセス……………161
   1. 問題提起…………………………………………………162
   2. ソーシャル・イノベーション…………………………165
      2.1. ソーシャル・イノベーションの理論………………165
      2.2. ソーシャル・イノベーションの創出………………169
   3. 調査方法…………………………………………………171
   4. 北海道グリーンファンドにおけるソーシャル・イノベーション…172
      4.1. 社会的課題の認知……………………………………172
      4.2. ステイクホルダーとの協働…………………………174
      4.3. 経験の共有……………………………………………177
   5. 結　論……………………………………………………179

引用文献………………………………………………………………183
初出一覧………………………………………………………………203

第 1 章 企業社会の構造変化と CSR

本章では，まず日本における CSR の議論の背景と基本的な捉え方について確認していく。日本での CSR 論は，国内で関係するステイクホルダーから社会的ムーブメントとして盛り上がってきたものというわけではなく，欧米を中心として広がってきたグローバルな潮流を受けて，企業に対応が求められるようになってきたものと言える。2000 年代に入って以降ブームとなり対応が進んでいくが，90 年代以降見られた企業社会における構造変化，グローバル化，ステイクホルダーとの関係再構築といった課題が，CSR の課題と重なりながら議論されてきた。2000 年代半ば以降，CSR の制度化が急速に横並び的に進み，試行錯誤がなされてきた。2010 年代に入る頃から，CSR を経営プロセスに組み込んでいくことや，持続可能な社会づくりに貢献していくことという理解が広がり始めている。従来の企業とステイクホルダーとの関係性や社会的責任への理解が，どのように変わってきたかということについて，考えていく。

1. 問題提起

　本章では，日本における企業社会の構造と，CSR に関する現在の議論について考察していく。日本では，2003 年頃から CSR がブームになり，大企業や経済団体・業界団体が中心となり議論を牽引してきたが，同時にメディアやコンサルティング会社などがこのブームに乗って，ビジネスを広げ影響を与えてきた。その背景として，日本ではグローバルな動向を受けて，CSR の議論や現場での取り組みが広がってきた。1990 年代から 2000 年代にかけて国内で頻発した企業犯罪・不祥事への批判が社会的ムーブメントとなり，CSR 論が広まった，というわけではない。80 年代から 90 年代に入って，グローバル化の急速な進展によって，企業活動に伴う経済・社会・環境におけるネガティブな側面（地球環境問題，貧困，格差，人権など）が大きな社会問題となり，多国籍企業への批判が高まっていた。さらに，欧米各国・地域における社会的課題（地域の衰退，失業，社会的排除問題など）とともに，90 年代後半頃から，CSR が重要なアジェンダとして議論されるようになっていた。日本の多国籍企業も欧米の市場社会からの批判や動向を受け，対応が求められ，実務レベルでの取り組みがなされてきた。したがって当初多くの企業の CSR への対応は，必ずしも経営計画・戦略に基づいたものではなく，他社の動向を見ながら，横並び的・形式的なスタイルが多かった。しかしその後，いかに日本の文脈の中で CSR 経営を理解し，CSR を自社の経営プロセスに組み込んでいくかが議論されるようになっている（第 5 章，第 6 章参照）。

　CSR の問題を考えるに当たっては，経営側の視点からのみならず，社会側の視点からも見ていく必要がある（谷本，2002）。企業経営の視点から環境の変化にどのように対応していくかということだけでは，なぜそのような問題が生じてきたかの背景を理解することはできない。リスク・マネジメントやレピュ

テーション・マネジメントの視点を超えて，CSR 論の本質を理解することが重要である。一方で，社会運動の視点から企業活動を批判するだけでは，企業が経営プロセスにおいてどのような問題を抱えているのか理解できないし，経営層に対して持続可能なビジネスモデルを提案することもできない。

本書は，企業と社会/ステイクホルダーとの相互関係の視点から，CSR を分析していくことを目指している。日本における CSR をめぐる議論と，CSR を市場社会[1]に組み込んでいく上での課題を検討していくに当たり，本章ではまず CSR の概念の意味と日本における背景について考えておこう。

2. 日本の企業社会と CSR

日本では 2000 年に入る頃から，90 年代からの企業社会における構造変化とその課題が CSR の課題と重なりながら議論されてきた（谷本，2006）。とくに，(1) 所有構造の変化やステイクホルダーとの関係の見直し，(2) 企業不祥事に対する消費者からの批判の増大と市場の公正性・透明性の要請への対応，(3) NGO や国際機関から求められる CSR に関するグローバルな基準・規格と従来からの基準・行動規範との調整，などである。

そのプロセスでは，根本的な問題である「会社は誰のものか／誰のためにあるのか」また「社会における企業の役割・責任」といったことが問われた。それらは古くから問われている問題であり，今でも重要な問いである。時代時代の背景の中，企業に期待される役割やその目的は変化している。CSR の議論は，この問いを社会との関係という視点から再び考えさせることになった。

またこの議論は，2005 年から 2006 年頃にかけて言わば"伝統的な"視点からも活発になされた。一つは，かつて日本ではあまり見られなかった敵対的買収の増加である。これは（株）ライブドアのような新規 IT ベンチャー企業や M&A コンサルティングといった投資顧問会社の台頭である。もう一つは，株

主至上主義を求める海外の機関投資家からの強い要請である。こういった議論は，古くからある。中でも Friedman（1962）の議論は，影響力の大きなものであった。それは，新自由主義に基づいて市場モデルを前提とし，経営者は株主の代理人であり，その利益の最大化のために役割を果さなければならない，したがって，経営者は社会的責任など果たすべきではないと主張している。その理由として，経営者は利潤最大化のために経済活動に集中しなければならず，社会的・政治的活動に取り組む資格も能力もなく，かかわるべきではないと述べている。しかし，現在の市場は，Friedman が前提にしていた市場モデルとは大きく異なっており，大きな変化が見られ，CSR を議論する際にはそれを念頭に置かねばならない（谷本，1987）。とくに ① 市場の根底にある価値や規範の変化，② 市民社会組織（CSO）などの台頭による企業とステイクホルダーの関係の変化，③ 企業に期待される役割の変化などが重要である。

また「会社は誰のものか」について，例えば経済学者の岩井（Iwai, 2002; 岩井，2005）は，社会から法人として承認された株式会社は，利潤の追求あるいは法的義務の単なる順守というレベルを超えて社会的責任を果たす義務がある，と言う。CSR に関するこの種の理解は以前から見られる。しかしこういった理解では，なぜ今 CSR が求められているのか，という問いに答えることはできないし，企業と社会／ステイクホルダーとの関係の変化についても説明できない。そもそも「会社は誰のものか」という問いの答えは，企業に対する観察者の立場や，学問のディシプリンによっても異なってくる。所有権という観点から見れば，会社は株主のものということになるし，組織という観点からすると企業は従業員のものということになるだろう。社会における企業という観点からは，企業を様々なステイクホルダーとの関係から検討することが必要になってくる。

近年企業の不祥事・犯罪に対して，社会からの批判は厳しくなっている。例えば，食品関連業界における衛生や安全上の問題があり，電力業界では原子力発電所において繰り返し事故が発生し，書類上の日付の改竄，ずさんな検査，貧弱なリスク・マネジメント体制が明るみに出ている。建設業界では談合問題

をめぐり厳しい批判がなされ，建物の耐震性に関して法的要件を満たさず偽装された建物が明るみに出たり，保険業界においては保険金未払い・不払い問題が起きたりしている。日本における企業犯罪・不祥事の特徴の一つに，個人の利益のためというより，企業のために組織的に行われるということがしばしば見られる。この点については，後ほど考える。

　企業は，社会的に責任のある信頼できる存在であることが期待されている。こういった問題に対して公正取引委員会や各監督省庁は，消費者保護の観点から，法令違反をした企業名の公表を積極的に行うようになっている。市場においても，消費者や投資家から厳しい批判がなされ，いったん評判が損なわれると株価は大きく落ち込み，市場からの信頼を容易に取り戻すことはできない。実際，企業不祥事にかかわった50社の株価は，メディアによる報道直後の5日間で，平均11％下落しており，そのうち4社は35％以上下落していた（2008年2月3日朝日新聞）。市場において厳しい批判を受けた企業は，その事業を再建させることが難しくなるケースが増えている。例えば，株式会社不二家は，2007年，衛生と安全の管理がきちんとなされていなかったことから厳しい批判を受け，再建が難しくなった。山崎製パン株式会社が不二家の株35％を買い取り，経営および技術上の支援を行い，立て直した。IT企業のライブドアは，2006年，証券取引法違反が明るみに出て，上場廃止となっている。

　CSRに関する議論は，グローバルな潮流を受けて，企業では急速にその対応がなされてきているが，しかし市民社会組織の力はまだ弱く，社会の側の理解・対応はまだこれからである。欧米では，1990年代以降NGOからの批判のみならず，市場社会を構成する諸主体から企業に対するCSRへの要請・評価という流れが広がっており，企業はグローバルにビジネスを行う際に，CSRを無視することはできなくなっている。日本の大企業にも，欧米の社会的責任投資（SRI）評価機関から質問票が送られてくるようになったり，国際機関やNGOが提示する行動規範や基準への対応が迫られるようになってきている。とりわけ，ISO/SR：社会的責任のガイダンスや，国連によるグローバル・コ

ンパクトや責任投資原則（PRI）などは，日本企業も積極的に対応している。日本企業は，環境マネジメント規格であるISO14001を敏感に受容してきた歴史がある。ISO/SRガイダンスの策定は，2005年から行われ，2010年にISO26000として発行されている。このワーキンググループには，先進国のみならず途上国からも，政府，産業界，労働界，NGO，消費者という主要ステイクホルダーによって構成され（もう1つ「その他」：サービス・サポート・研究・学術およびその他），単純に多数決で決めることはせず，時間をかけ議論を積み重ねてきた。当初から第三者認証を義務づけないことで議論がなされ，最終的に強い制約性はもたないが，前例のないメンバー構成と方法でとりまとめられたISO26000は，グローバル市場社会において大きな意義をもつ（谷本，2013）。ただ実質的な影響力をもっていくためには，マネジメント規格としてのさらなる工夫と議論が必要である。

　日本の政府は，CSR関連施策に関して終始積極的とは言えない姿勢であった。各省庁にかかわるテーマには，それぞれの範囲内で取り組んでいるが，CSR自体は省庁横断的なテーマであるにもかかわらず，全体として調整していこうとする動きは弱かった。さらに，産業界がCSRは自主的なもので，政府が関与すべきではないと捉えており，政府も基本的にその考え方に沿ってきた。CSRに関する政府の位置づけや，公共政策のあり方については，第7章で検討する。

　グローバルには，CSR経営に対する要求やコミュニケーションを求める動きが次第に広がっており，より積極的な対応が求められている。国内では，2000年代に入って，CSR報告書作成支援などを行うコンサルティング会社，監査法人，PR会社などによるCSR支援ビジネスは，急速に発展している。CSRに関するランキングや顕彰制度，解説書やガイドブックなど多くの出版物が出版されてきた。後段見るように，2000年代半ば頃から，CSR経営の制度化は急速に広がっている。さらに2010年代に入る頃からは，CSRの考え方が経営プロセスに組み込まれ浸透してきている企業では，当初設置したCSR部（室）を発展的に解消し，経営企画などの部署に統括し，実質的に経営計画―

戦略の中に組み入れている企業も出始めている。このように，日本企業では，この10年あまりの動きは早く，変化も大きい。それに対し日本におけるアカデミックな研究はまだ少なく，政策提言もあまりなされてこなかった。この分野における専門的な研究は進んでいるとは言えず，研究者の数も限られている。しかし，CSRブームとともに，関係する領域の学会において統一テーマとして議論がなされたり，論文も増えつつある。"企業と社会"に関する専門の学会が立ち上がり，少しずつその関心は広まっていると言える（企業と社会フォーラム編，2012）。

3. CSRの概念

　以下では，CSRの概念について改めて確認しておこう（谷本，2002, 2004, 2006, 2013）。CSRはその課題の多様性ゆえに，明確かつ端的に定義することは難しいと言える。国（地域）や時代によって，CSRをどこまで，またどのように捉えるか異なってくる。しかし，CSR活動の本質は，経営のあり方そのものである。欧州委員会（EC）の文書では，CSRを次のように理解している。「企業が社会的・環境的関心を事業活動の中に，またステイクホルダーとの関係の中に自発的に組み込んでいくこと」（EC, 2001）。さらに，「CSRは法律を超える自発的なものである。企業は，経済的・社会的・環境的インパクトを経営に組み込む必要がある。企業のコアの活動に付加されるものではなく，ビジネスのあり方そのものである」（EC, 2002）。ILO国際労働機関でも，CSRを経営プロセスに組み込むべきものとの立場を示している（ILO, 2007）。

　CSRの概念を，企業と社会の関係から捉えると，表1-1になる。狭義のCSRは，企業活動のプロセスに社会的公正性・倫理性・環境や人権などへの配慮を組み込み，株主・従業員・消費者/顧客・環境・コミュニティなどすべてのステイクホルダーを考慮に入れること，と定義できる。広義では，社会貢

献活動や，社会的課題をビジネスの手法で解決しようとするソーシャル・ビジネスも含まれる。

　近年日本企業は，CSR の本質が経営そのものであるということを理解し始め，積極的に取り組むようになっている。しかし当初，CSR の理解度の差は大きく，中には CSR は社会貢献活動と同義で捉えたり，本業そのものが社会に貢献しているのでとりたてて CSR 活動を行う必要はないと考えていたりする経営者もいた。また CSR 活動をマネジメントというよりも，ストレートに企業ブランドの促進から捉える考えもあった。

　CSR への理解は，業界によってそのニュアンスが異なっていた。CSR 課題への取り組みが比較的遅かった建設業界や金融業界においては，2000 年代半ばに行った調査を見ると，CSR に関する誤解があったことがわかる。建設業界における CSR の理解に関して，建設業情報管理センター・建設経済研究所の共同調査（2006 年 11 月）[2]によると，次のような結果が見られた。建設業界において CSR の最も重要なことは何かという質問に対し，過半数の 65.7％が「品質の良い施工」と答えており，続く回答は「納税」8.9％，「地域貢献」6.5％，「雇用の創出と維持」4.3％などと，少数であった。その CSR の取り組みはいつから行っていたかについては「すでに取り組んできた」が 62.4％，最も重要なステイクホルダーについては，「下請業者と顧客」が 66.1％。CSR 課題に取り組む理由については，「企業にとっての義務だから」が 85％に達していた。建設業界では，本業が公共的なこととかかわるという理解もあり，また当時耐震偽装問題への強い批判もあり，CSR を事業そのものと理解していたことがわかる。CSR として問われるべきことは，施工のプロセス自体や，経営上のアカウンタビリティといった内容であり，当時建設業界では認識が十分ではなかったことを表している。

　金融機関については，金融庁が実施した「金融機関の CSR 実態調査」（2006 年 3 月）[3]を見てみよう。預金取り扱い金融機関では，78.1％が CSR を重要な課題と捉えて取り組んでいると回答している。「CSR とは何か」の問いに対しては，1 位「地域貢献」32.7％（都市銀行 9.4％，地方銀行 34.6％），2 位「社会貢

献」27.9%（都市銀行33.9%，地方銀行25.4%），3位「環境保全」15.1%（都市銀行22%，地方銀行21.4%）であった。CSR経営をなぜ実施するのかの理由については，「コミュニティとの共存・共栄」という回答が80.1%（都市銀行27.1%，地方銀行90.8%）と最も多かったのに対し，彼らの事業活動の公共性に言及したものは7.1%（都市銀行18.8%，地方銀行2.8%）にすぎなかった。当時預金取り扱い金融機関にとってCSRとは，フィランソロピー活動やせいぜい環境保護への支援と理解されており，重要な経営課題とは見なされていなかったことがわかる。この2つの業界は，それまでは専ら国内市場を中心にその事業を展開していたこともあり，グローバル展開していたメーカーとの理解の違いが大きかったと言える（第3章参照）。

またCSRに関する現在の議論は，かつて日本の企業社会で1960年代から70年代に議論されたものとは大きく異なっていることを理解する必要がある。当時は，アメリカでの議論の翻訳，紹介に基づくものであり，理念的で，実務

表 1-1　CSRの3つの次元

■ CSR＝企業経営のあり方そのものを問う	
①経営活動のあり方	経営活動のプロセスに社会的公正性・倫理性，環境や人権などへの配慮を組み込む
	→＜法令順守・リスク管理の取り組み＞と＜企業価値を創造する積極的取り組み＞（＝イノベーティブな取り組みの必要）
	環境対策，採用や昇進上の公正性，人権対策，製品の品質や安全性，途上国での労働環境・人権問題，情報公開，など
■ 社会的課題への取り組み：社会的事業	
②社会的事業	社会的商品・サービス，社会的事業の開発→＜新しい社会的課題への取り組み＞（＝社会的価値の創造：ソーシャル・イノベーション）
	環境配慮型商品の開発，障害者・高齢者支援の商品・サービスの開発，エコツアー，フェアトレード，地域再開発にかかわる事業
③社会貢献活動	企業の経営資源を活用したコミュニティへの支援活動→＜戦略的フィランソロピーへの取り組み＞
	(1) 金銭的寄付による社会貢献，(2) 製品・施設・人材などを活用した非金銭的な社会貢献，(3) 本業を活用した社会貢献

レベルでの取り組みはほとんど見られなかった。企業に期待されていた社会的責任は，後段見るように，基本的に雇用を維持し，事業の成果をできるだけ公正に主要なステイクホルダーに分配することであった。それは当時の企業社会の構造，価値を反映したものであった。次節では，CSRがなぜこのように理解されていたのかを検討しよう。

4. 企業とステイクホルダーの従来の関係

4.1. ステイクホルダー・モデル

これまで日本企業は，社会の中でどのように位置づけられ，どのような役割を果たすことが期待されてきたのか。こういった問いに答えるためには，企業とステイクホルダーの関係を検討する必要がある。図1-1はアメリカの大学で使用されている標準的なテキストに見られる「企業とステイクホルダー」の典

図 1-1 企業とステイクホルダーの関係

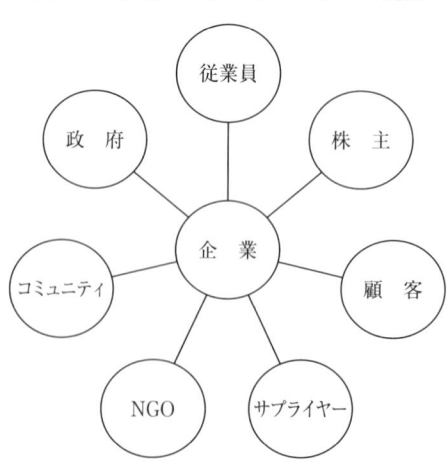

型的な関係図である (Steiner et al. 2000; Lawrence et al. 2005 など)。ここでは企業が中央に位置づけられ、ステイクホルダーがその周りに配置されており、企業とステイクホルダーの間にはチェック・アンド・バランスの関係性があることが前提となっている。しかし、日本の企業とステイクホルダーの間に、これと同じパターンを適応することができるだろうか。

　日本の企業モデルをアングロサクソン系企業のモデルと比べてみると (Thurow, 1992; 青木, 1995; Dore, 2000)、主要なステイクホルダーとして株主が重視されるのに対し、日本企業では従業員や顧客などが重視され、中心的役割を担っている。アングロサクソン系の企業モデルより、ステイクホルダー間の利害のバランスがとれた企業モデルの方が業績がよい、という議論もある (Collins and Porras, 1994; Dore, 2000)。そこでは、株主価値の最大化を目的とする企業は、市場社会において必ずしもよいパフォーマンスやよい評判を生み出すことはできない、と指摘している。例えば Collins and Porras（1994）は、株主価値の最大化を目的とする企業と、彼らの言うビジョナリー・カンパニーを比較したところ、その結果は後者が前者の6倍も上回る株主価値を達成していると指摘している。ヨーロッパで使われている標準的な経営学のテキストにおいても (Haberberg and Rieple, 2007)、日本の企業モデルはステイクホルダー志向のモデルとして捉えられ、様々なステイクホルダーの利害をバランスさせるモデルであると見なされている。すなわち、日本企業は株主価値の最大化のみに焦点を当てるのではなく、ステイクホルダーの利害を重視し、長期的展望のもと意思決定を行っている、と捉えられている。しかしながら、こういった日本型モデルへの理解は正しいと言えるのか、またそれは CSR を踏まえたものと言えるだろうか。どのような条件のもと、この日本型企業モデルが機能してきたのだろうか。そこでは、企業にどのような社会的役割と責任が求められていたのだろうか。こういった点を次節で検討していく。その前に、日本における CSR の議論を簡単に振り返っておこう。

4.2. 第一次 CSR ブーム

　日本における CSR の議論は，1970 年代に最初のブームがあった。第一次石油危機の頃，環境汚染や企業不祥事・犯罪に対して企業の社会的責任が問われた。そこでなされた CSR の議論は，アメリカから輸入されたものであった。この新しい概念に関心が広がり，多方面で議論がなされた。1974 年には日本経営学会が「企業の社会的責任」を統一テーマに年次大会を開催している（日本経営学会編，1975）。その頃，経営学のみならず，経済学・法学・社会学の分野において，CSR に関する多数の書籍が出版された[4]。

　ただ，これらは主にアメリカのテキストや論文の内容の紹介・解説・批判を行っており，各学問分野で従来議論されてきた企業（会社）の理論を，CSR の観点から再検討しようとする概念的なものであった。また経団連や経済同友会は，当時翻訳書や提言書を出版している。経済同友会は，1973 年 3 月に提言書「社会と企業の相互信頼の確立を求めて」を発行した。そこでは，企業は社会の一員であることを自覚し，短期の利益ではなく，社会の要請に応え長期的な観点から企業の利益を考えていくべき，と主張していた。

　いずれにしても，日本の企業社会の構造を分析したり，企業経営の実態を分析したり，経営者や政府に対する政策提言にまで言及したりするものはほとんどなかった。そもそも，企業経営の現場において具体的な CSR への取り組みは見られず，2 度目のオイルショック以降，CSR の議論は実務的にも学術的にも消えてしまった。当時の CSR の議論は理念的・概念的で，実際の経営に組み込まれてはいなかった。また，市民社会（組織）はまだ成熟しておらず，経営活動に関連する社会的・環境的課題は広く議論されていなかった。

　その後，低成長期からバブル期の 1980 年代〜 1990 年代には，企業不祥事・犯罪が立て続けに起こり，個別事件への批判はなされたものの，CSR 論についてはほとんど議論がなされなかった。当時学界において「企業と社会」に関するテーマへの関心はあまりなく，ごく少数の研究者だけがかかわっていた

が，それも多くはアメリカでの議論の紹介・解説・批判であった。そもそも企業社会において CSR への関心が低く，CSR 研究への期待も低かった（谷本, 2002）。一般に，社会から期待されないあるいは求められない研究分野は，あまり発達しないと言える。それは社会科学のみならず，自然科学についても同じである。科学史研究者の Ravetz (1971) は，科学というものがいかに国の政治的関心や，産業界の実務上の関心と密接につながっているかを指摘している。実利的関心を超え，純粋に真理探究を求める「アカデミック科学」は，時代とともに，国家・企業と密接な相互関係をもっていくことで「産業化科学」に変貌していった，と述べている。とくに社会科学は，良くも悪くも時代の要請に強く影響されてきたと言える。

5. 企業とステイクホルダー間の関係の変化

次に，日本における企業と主要なステイクホルダーとの関係性とその変化について，概観していこう。戦後，高度成長期および 1980 年代頃までの時期を通じて，日本の企業システムは，ステイクホルダーを領域化（territorialization）し，閉じた企業社会のネットワークを形成してきた（谷本, 2002）。企業にとってのステイクホルダーの中でもコアメンバー（とくに主要法人株主，正規労働者・企業別組合，および第一次サプライヤー）は，企業システムに組み込まれ，そこで共通の利益を追求してきた。したがって，独立した立場から企業の経営活動をモニターするような役割を果たしてきたわけではない。以下では，企業と主な 3 つのステイクホルダー ―― 株主，従業員，サプライヤー ―― との関係を見ていこう。

5.1. 株主との関係

　日本の企業社会においては，戦後企業が相互に株式を持ち合う構造がつくられてきた。複数の企業間で株を相互に保有することにより「相互所有―相互支配」の関係を構築してきた（奥村，1984）。ある企業と他の企業が株式の一部を相互に所有しあうことによって，相互に支配と承認を与えあい，閉じたネットワーク関係が形成される。ネットワーク内の企業数が多いほど，個々の企業はより少ない持ち株数で相互支配を行うことが可能になる。この構造においては，企業は互いに安定株主となる。こういった関係は，典型的には企業集団と呼ばれる企業グループにおいて形成され，戦後の財閥解体後，さらに60年代のOECD加盟を契機とした自己防衛策として形成・強化されてきた。

　企業集団内の株式相互持ち合い比率が高かった三菱グループでは，1970年代から1980年代にかけては30％を超えている（1985年の36.94％が最高値）（東洋経済新報社，1972-2000）。またこの時期，6大企業集団における株式持ち合い比率の平均は，23.78％であった。全上場企業の株式の相互持ち合いの比率は，1987年の18.4％がピークで，安定して保有されている株式は45.8％に達した。主要企業には，大きな影響力をもつ個人投資家も機関投資家もなかった。株主間＝グループ企業間で白紙委任状がやり取りされるだけになっていたため，ほとんどの場合，株主総会で実質的な議論が行われることはなかった。結果として，株主総会は形骸化していた。相互所有―相互支配システムの中で実質的な「経営者支配」が成立していた。しかしながら，1990年代のバブル経済の崩壊後，相互持ち合い関係は崩れ，伝統的な企業集団の壁を超えた企業の再編，提携が進み，古い企業集団の構造は大きく変化していくことになる。

　1980年代に行われた日経ビジネスの調査（1989年）において，誰が次の経営者を決めているかという問いに対して，「現在の社長」と答えた回答者が69.9％，「株主」と答えたのはわずか3.7％であった。さらに日本経済新聞の調査（1986年5月30日）では，経営者はどのステイクホルダーを優先するかとい

う質問に対して,「従業員」と答えた回答者が 63.2%,「株主」と答えたのは 11.5% であった。株主志向の経営を求める要請は弱く,株主への配当を第一に考えることは一般的ではなかった。株主資本利益率(ROE)を見ると,当時 7.8%(1988 年)と低かった(アメリカでは 16.1%)。こういった構造により,経営者は,株主にとくに配慮することもなく,長期にわたって非常に柔軟に自由な意思決定ができたのである。表 1-2 が示すように,日本企業は株主とよい関係を維持することよりも,中長期的な経営戦略の中でどのように設備投資するか,どのような商品を開発し,マーケットシェアをとるかに焦点を置いていたのである。

表 1-2 戦略的に重要な経営目標

(単位:%)

	日 本	アメリカ
新商品・新事業比率の拡大	60.8	11.0
マーケットシェアの維持・拡大	50.6	53.4
ROI の維持・向上	35.6	78.1
売上高の最大化 1	27.9	15.1
株主のキャピタルゲイン	2.7	63.0

出所:経済同友会「企業白書」(1988)

5.2. 従業員との関係

日本では企業と従業員の間に,長期的な雇用関係という暗黙の前提のもとで,相互に能動的また受動的にコミットメント関係をつくってきた(谷本,1993)。日本では,「内部労働市場」が形成されてきた。そこでは新卒者を一括採用し,中長期的視点をもって,企業内で教育し,配置転換し,人事考課を行ってきた(小池,1991;上井・野村,2001)。従業員は,伝統的な年功序列システムに従って長期的に評価される。多くのコア従業員は,一生懸命に働けば会社は長期的に適切に処遇してくれると暗黙のうちに期待し,組織に忠誠心をもち,自発的にコミットした(谷本,2002)。中途採用は一般的ではなく,(外部)

労働市場は未発達であった。福利厚生プログラムが企業内で確立され，企業規模が大きいほど充実しており，いわゆる経営家族主義が形成された。労働者と経営者の長期的で相互的な利益を反映しながら，企業内教育と長期的サポートシステムによって安定した雇用関係がつくられてきた。これは，労働市場で高い流動性をもつ雇用関係とは対照的である。さらに，労働組合は基本的に個別企業内において，その正規労働者によって構成され，経営者との協調関係が維持されてきた。こうした企業内組合は，コーポレート・ガバナンスをチェックする強い力はもたなかった。労使協議制は，すでに決定された事項を報告する場であることが多く，経営権を問うような労働争議に発展することはほとんどなかった。コア労働者と経営者は，利益を上げそれをできるだけ公平に分配する，という共通目的をもって協力する関係性にあった。一方，周縁労働者は，こういったシステムから排除されてきた。さらに企業内労働組合であるがゆえに，関係会社，下請会社などにおける労働・人権問題は議論の対象とはなってこなかった。

5.3. サプライヤーとの関係

　日本では，製造業者はサプライヤーと閉じた下請系列システムを構築し，市場を内部化してきた。このシステムは，サプライヤーが第1次・第2次・第3次と連なるピラミッド構造を形成し，閉じたネットワーク関係であった。モノづくり，開発において，親会社から第1次下請，第1次下請から第2次下請へと，タテの強い関係性が長期にわたって形成されてきた。さらに，例えば自動車産業であれば，トヨタ自動車の系列企業と日産自動車の系列企業との間では，取引は行われなかった。このような閉じた「内部市場」は特定の構成員のみで形づくられており，市場はすべてのプレイヤーが自由にアクセスできるという基本的な定義とは矛盾していた。メーカーは，サプライヤーと閉じたネットワークをつくり，長期継続的な取引関係によって取引コストを節約することができ，合理的なシステムをつくり上げてきたと言える（浅沼・菊谷，1997）。

市場は内部化され,親会社によって管理されてきた。

　こういった構造をもった日本の企業社会において,当時企業に求められた社会的責任とは,雇用を創出・維持し,利益をできるだけ公平にコアメンバーに配分すること,と理解されていたと言える。コアステイクホルダーは,それぞれが頑張れば会社が成長し,それが社会の繁栄につながる,という考え方を共有していた。しかしながら,周縁的なステイクホルダーは必ずしもその繁栄を享受していたわけではなかった。周縁的なステイクホルダーは,景気の調整弁として利用される面もあった。高度成長の結果,日本は格差を伴いながらも,全体としてのパイを大きくし経済的に豊かな社会を現実に達成することができた。

　図1-2は,主要なステイクホルダーを内部化し構造化してきた企業システムのイメージを表したものである。企業の境界線は,組織の外に拡張してきたと言える。

　1990年代以降2000年代に入って,バブル経済の崩壊の結果,こういった企業とステイクホルダーの関係性は変化してきている。その主な要因は,株主構

図1-2　企業とステイクホルダーの関係

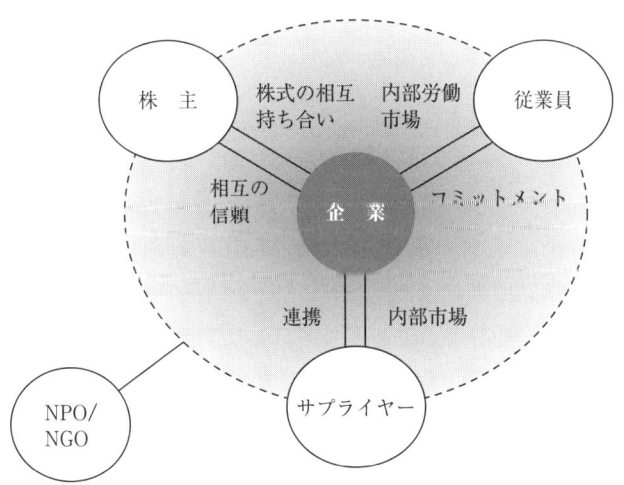

成の変化，市場のグローバル化，市民社会の変化である。

　株主との関係で見れば，相互持ち合いシステムに構造変化が起こった。相互持ち合いの比率は，全体の1987年の18.4％から2002年には7.4％にまで減少している。安定株主の比率は，45.8％（1987年）から27.1％（2002年）となっている（黒木, 2003）。外国人投資家（機関投資家）による持ち株比率はこれまで3.9％（1989年）に過ぎなかったが，2005年の段階で26.7％にまで増えている。2005年には100社以上の企業において，外国人投資家が株全体の30％以上を保有する状態になっている。例えば，オリックスグループでは60.3％，キヤノン株式会社では52.0％，ソニーグループでは49.6％などである。海外の機関投資家は，これまでの安定株主とは違って，積極的に議決権を行使するようになっている。つまり，モノ言う株主が台頭してきた。さらに，1999年以降，日本でも社会的責任投資ファンドが，市場規模は小さいもののスタートしている。

　市場のグローバル化が進み，とりわけ自動車，電気，機械産業などの多くの大企業においては，その売上の過半数を海外市場に依存するようになっている。2008年の海外市場における売上比率の高い企業上位5社を見ると，ホンダ自動車86.8％，株式会社マキタ84.8％，ブラザー工業82.7％，TDK82.4％，三菱自動車81.8％である（日本経済新聞，2008年6月6日）。グローバル企業にとって，どこの市場で資金を調達したり，製品をつくり販売するのか，ということが重要な経営のテーマとなっている。さらに，グローバル市場で求められ始めた環境基準やCSR評価の規準を，企業は無視することはできなくなってきた。

　1990年代以降は，市民の意識の変化と市民社会組織（CSO）の台頭は，企業社会における働く人々と組織の関係の変化と無関係ではない。企業は伝統的な長期雇用システムを維持することができなくなり，評価のシステムも変わり始め，年功序列システムに代わる成果主義システムを導入し始めた。当時のサラリーマンの会社への帰属意識に関する調査によると（日本経済新聞，1995年11月20～25日，2000年12月28日～2001年1月6日），「会社に対する帰属意識が

以前と変わらない」との回答は 1995 年に 35.2％であったが，2000 年にはそれが 23.7％に減っている。「帰属意識が薄れた」と回答した数は，19.4％から 32.2％に増えている。さらに 2000 年には，23.7％が「もともと薄い」と回答している。55.9％のサラリーマンは，会社とは一定の距離を置いた関係をもっていることがうかがえる。

　1995 年に発生した阪神淡路大震災は，多くの人にボランティア活動への関心をもつきっかけとなり，この年は「ボランティア元年」と呼ばれている。1998 年には，非営利組織（NPO）の活動を促進させる法律が施行され，市民社会組織に法人格を与えた。この年は「NPO 元年」と呼ばれている。人々は地域や世界の社会的課題に関心をもち始め，自ら取り組んだり，NPO を支援したりするようになってきた。社会に貢献したいと思う人の数も，少しずつ増えてきており，内閣府が実施している「社会意識に対する世論調査」によれば，「コミュニティの一員として社会の役に立ちたい」と思う人は，1974 年は 35.4％であったが，1987 年に 50％を超え，1991 年には 60％を超え，2012 年には 67.4％となっている。

6. 結　　　論

　1990 年代後半以降のグローバルレベルでの議論や，企業社会の構造変化（企業とステイクホルダーの関係の変化）によって，日本でも CSR が知られるようになり，2000 年代後半に制度化が急速に進んでいる。『CSR 企業総覧』（東洋経済新報社，2005-2013）によると，例えば CSR 関連部署を設立している企業は，2013 年には 73.2％（回答企業数 1,210 社）に達している（2005 年は 25.6％）。さらに CSR 担当役員については 65.8％（2005 年は 35.2％）となっている。CSR 課題に対する企業の関心，反応はこの間急速に進んでいる。CSR 報告書を発行する企業の数も，急増している。これらの報告書では，多くの企業が環境課

題のみならず，社会的課題やコーポレート・ガバナンスの課題についても情報開示しようと試みている。この潮流のベースには，経営者のCSRに対する意識変化がある。それは，経済同友会が2010年春に出版した報告書「日本企業のCSR—進化の軌跡」における経営者の意識調査にも示されている。「貴社にとってCSRはどういう意味をもっていますか」という問いに対して，71％が「経営の中核に位置づける重要課題」と答えており，2002年の50.7％と比べると，20ポイント程増えている。一方，CSRを「払うべきコスト」と理解するものは51％で，2002年の65％より10ポイント以上減少している。「CSRは企業戦略の中核として組み込む」は31％と，2002年の8％より4倍近く増えている。現状として，7割を超える企業が，CSRは経営の中核的課題であると認識しているが，戦略の中核として取り組むという企業は3割であった。

さらに，経済同友会（2007）によると，CSRに関する議論がコンプライアンスを超えて次の段階にシフトしており，より積極的かつ戦略的にCSR経営を検討すべきであると指摘している。ここでは，法律やコンプライアンスにかかわる課題に取り組むことはいわゆる「受け身のCSR」であり，コアビジネスや社会貢献活動を通じて社会的課題に取り組むことはいわゆる「攻めのCSR」であると捉えられている[5]。企業イメージやブランド価値向上のためにコアの事業活動を通して取り組む「攻めのCSR」を，戦略的CSRと理解する日本企業も増えつつある。しかし同時に，そのような方向に理解を進めていく前に，基本的なCSR経営においていくつか検討すべき経営課題がある。表1-1で見た①の「経営のあり方」の部分に問題があれば，いくら②，③の部分で貢献しても，相殺されるものではない。

次に，CSRはコンプライアンスを超えたものと理解すべきであり，コンプライアンスは法令順守の問題で，CSR経営に取り組む視点とは異なる，という考え方について確認しておこう。そこでは，CSRは法律や倫理に従うということにとどまらない。コンプライアンスは他律的であるが，CSRは自律的で経営における自発的な問題である，と理解している。CSRは経営トップのイニシアティブによって行われる必要があり，それゆえ組織内で新しい共有価

値を提示する必要がある（岡本・梅津, 2006）。しかし，コンプライアンスのシステムは，倫理規定を策定し，研修を行うだけでは機能しない。組織の構造やコミュニケーション・意思決定のプロセスを再検討し，組織内で共有されている価値について問い直すことが重要であり，それは経営の問題だと言える。不祥事，事件・事故などに直面した時，組織的に隠蔽しようとする現象をどう理解すればよいだろうか。一般的に，個人に対し目標への強いプレッシャーがあったり，自己の倫理的行動能力に過大な評価がある場合など，様々な要因によって意図せずとも非倫理的行動が引き起こされる，と指摘されている（Bazerman and Tenbrumsel, 2011）。さらに日本企業では，集団的に組織や会社を守ろうとする従業員の強い想いが，問題を組織的に隠してしまうことがある。組織への強いコミットメント関係を通して，そういった価値が共有されている。コンプライアンス上の問題に遭遇した場合，一個人としては不適切であると判断したとしても，組織における役割をもった人間としては，組織を守るため問題を隠したり内々に処理したりすることがある。非倫理的な意図がなくとも，集団的に非倫理的な行動を起こしてしまう。これは日本企業における組織文化の逆機能であると言える。そのような「倫理的ジレンマ」を乗り越えるために，多くの企業は第5章で見るように，コンプライアンスのマニュアルを作成したり，コンプライアンス担当役員・委員会，さらに内部通報システムを導入したりしている。しかしながら，まず組織における集団的で内向きの文化や，コミュニケーションのあり方自体を変えていかなければ，こういった制度はなかなか機能しない。組織文化とは一般的に，共有された価値，考え方（パラダイム），規範を指す（伊丹・加護野, 1989）。組織文化が，情報の伝え方，コミュニケーションの仕方，さらに組織における意思決定の仕方を決める。したがって，組織におけるコンプライアンス意識を高めるためには，経営者が強いリーダーシップをもって，組織文化を変える努力を進めていく必要がある（Schein, 1985）。職場での風通しを良くし，組織のコミュニケーション・プロセスとしてピア・ディスカッションを促進しながら問題を共有し，課題を共に認識していく必要がある。

不祥事の結果，監督官庁から改善命令を受けた企業は，経営方針を修正したり，監査システムを強化したり，倫理規範を見直したりしている。新しい制度を導入すれば自動的にそれらが機能するわけではない。2000年代半ばに不祥事を起こした企業の中には，次のような取り組みを同時に進めている（第5章参照）。① 働くことの意味や，仕事が社会にとって意味あるものであるかどうか，トップから現場の人々まで共に問い直す。② 従来の評価基準・事業評価や人事評価のあり方を見直す。③ 新しい制度が機能するよう，追加的な資源を投入すること。例えば，新しく導入した休暇制度が利用できるように，関連する従来の制度や組織のあり方を変えていったり，補完的な制度を充実させたりすること。こういったことを実施するためには，経営システムや組織構造を変えていくことが求められる。このようにシステム全体を見直していくことを通してこそ，CSR経営が実現される。

企業は，ステイクホルダーからの支持と信頼がなければ存続できない。企業の役割や責任は，市場社会からの期待に応じて，歴史的に変わっていく。「良い会社」の意味も変わっており，その定義は常に時代の文脈の中で問い直されている。CSRとして重要なことは，まずステイクホルダーに対して透明性をもって経営上の説明責任を果たしていくことである。そして持続可能性を求める社会の中で企業は社会に貢献する事業をCSRをもって取り組んでいるかどうかが問われる。企業の正統性は，市場社会から与えられているということを認識する必要がある。それはいわゆる license to operate を得ることでもある。企業活動が市場社会の中で支持・評価される結果として，企業の評判，価値が高まっていくと言える。

(1) 市場社会とは，次のように理解している。現実の市場は，経済，社会，政治，文化，国際関係などの領域と相互に作用しながら変化している。市場は，制約のない言わば「真空状態」の中で機能しているわけではない。本来この意味において，市場は市場社会として理解していく必要がある（谷本 2002, 2006）。
(2) http://www.rice.or.jp/other_report/pdf/etc/20061130CSR.pdf 「建設業の『企業の社会的責任』に関する動向調査」
(3) http://www.fsa.go.jp/status/csr/20060331/01.pdf 「金融機関のCSR実態調査の概要」

⑷ 例えば,米花 稔(1970)『経営環境論』丸善,富永健一編著(1971)『経営と社会』ダイヤモンド社,高田 馨(1974)『経営者の社会的責任』千倉書房,森田 章(1978)『現代企業の社会的責任』商事法務,中谷哲郎編著(1979)『経営理念と企業責任』ミネルヴァ書房,中村一彦(1980)『企業の社会的責任─法学的考察』同文舘,など。
⑸ これは Frederick(1994)の言う「CSR1 から CSR2 へ」という概念(CSR の社会貢献的・倫理的概念から,社会的圧力に対する企業の社会的応対という経営上の概念への変化)とは異なる。

第2章 CSRの源流と現在のCSR

日本企業のCSR経営の現状と課題について，第3章以下で分析していく前に，日本におけるCSRの「源流」に関する議論を少し見ておこう。CSRがブームになる頃から，日本には日本のCSRの考え方があり，グローバルな基準や原則を当てはめたり，一律に評価したりすることは難しい，という議論がある。しかし，日本企業もグローバル化しており，グローバル市場の中で日本市場も成り立っているため，CSRの動向も無視できなくなっている。CSRの課題には，グローバルに共通する部分もあれば，日本の市場社会，雇用・取引慣行の中で，進んでいる部分もあれば遅れている部分もある。さらに各国の歴史を振り返れば，それぞれにCSR的要素をもった制度が存在していたり，似ているが発想や原理が異なる制度もある。日本には，江戸時代から近江商人の「三方よし」の発想があり，CSRの源流だと言われているが，はたしてそうか。三方よしが現在問われているCSRとどこが異なるのか，検討していく。

1. 問題提起

　CSRの議論がグローバルに広がると，各国における歴史的・文化的背景を振り返り，それぞれCSRの源流と言える思想や哲学があるという議論がなされている（Lin, 2006; Muniapan and Dass, 2008; Wang and Juslin, 2009など）。日本では，三方よしがCSRの源流だという議論がある。三方よしとは，「売り手よし，買い手よし，世間よし」という古くからの日本商人の心得である。商人が商取引によって利益を得る際には，買い手を満足させると同時に，世間にも貢献することを求めている。ただ，世間という言葉は必ずしも英語のsocietyと同じ意味ではないことに留意しなければならない。日本語の世間とは，開かれた社会というよりも，比較的閉じられたコミュニティを指しているからである。これについては後ほど述べる。本章では，この心得のどこが日本企業のCSRのルーツとして位置づけられるのか，それが現代企業にも生きているのかどうか，そして現在問われているCSRとどこが異なるのか，といった点を考えていくことにする。

　三方よしは，江戸時代中期から明治時代にかけて活躍した近江商人が，日々の商いを通して培い確立してきた経営哲学であり，信条である。近江商人の経験をもとにまとめられたこの心得は，代々伝えられてきたものであり，特定の宗教や東洋思想に基づくものではない。ただ三方よしという言葉は，近江商人によって直接その言葉を書き表され残されたものがあるわけでなく，書誌学的な記録はない。これは，近江商人の家訓などの解釈をもとに，現代の研究者小倉栄一郎がそのように解釈し表現したものと言われている。つまり，この言葉そのものが近江商人によって使われていたわけではない。

　近年CSRがグローバルに広がり議論され，日本にも大きな影響を及ぼしている。経済がグローバル化するにつれ，共通する課題も増えている。

ISO26000 はそのような課題に対応するため策定された。しかしながら，企業と社会の関係は国や地域によって大きく異なるし，重要な社会的課題も異なるものもある。CSR に関する視点も，西欧社会と非西欧社会とでは異なると言える。日本においても独特の企業と社会／ステイクホルダーの関係があり，歴史的にも変化している。三方よしは，日本の伝統的な経営哲学の1つであり，日本における CSR のルーツの1つと言われている。伊藤忠商事や丸紅といった，近江商人までその源流を遡ることのできる日本の主要商社は，その CSR 報告書の中で，三方よしの原則は自分たちの CSR 活動のルーツであり，企業活動の原点であると記している。また三方よしを日本の CSR として位置づける議論も見られる。しかし，現在の CSR ブームが起きる以前，日本の企業社会において三方よしが CSR の考え方として必ずしも一般的に捉えられていたわけではなく，また三方よしと CSR の理論的な関連性も十分には明らかにされていなかった。多くの場合，三方よしの源流を探り，解説することに終始し，現在の企業社会にどのように生きているのか生きていないのかを分析しているわけではない。

そこで次節では，まず三方よしの心得の起源について述べ，はたして現代日本の CSR の源流なのかどうかについて，考えていこう。

2. 三方よしの源流

2.1. 近江商人とは

近江商人は，17世紀から19世紀の3世紀にわたり，日本国内での商圏を順調に広げていった。近江地方に腰をおろし，商いを行っていた商人とは区別されている。彼らのうち，現在に至るまで事業を継続・発展させているものも少なくない。近江商人に源流をもつ主な大企業には，上記2社に加え，日本生

命,東洋紡,蝶理,豊田通商,大丸松坂屋百貨店,髙島屋,西武ホールディングス,ヤンマーなどがある。

　ところで,17～19世紀にかけての江戸幕府時代は,中央集権体制のもと,民族・言語・文化において同質性の高い社会を形成していた。政治的にも比較的安定しており,平和で,階層化した社会のもと,商業は大いに発達した。近江商人は,江戸,大坂の商人とは異なり,近江地方に居を構えつつ,各地を行商してまわった。京都や大坂で製造された商品を近江の国外の地域で販売し,行商先地域で仕入れた原材料を近江に持ち帰り,広域に商いを行っていた(近江地方は日本のほぼ中心に位置し,西には京都,大坂があり,東の江戸へ通じる幹線道:東海道と中山道,さらに日本海につながる北国街道が集まる地であった)。

　近江商人はこうした商取引にとどまらず,原材料や道具の調達および染物の絵柄のデザインといった生産面から,流通,販売,金融までの役割を担い,多角的に事業を行っていた。彼らは,江戸の日本橋,京都の室町,大坂の船場といった当時最先端の商業地域に大店を構えた。近江出身者を管理職として採用し,日本全国に事業を広げていった。近江商人は,近江では家業を維持しながら,事業を展開する各地でその地域の人々に受け入れられ,長期間にわたり商売を成功理に発展させることができた。近江商人は,京都や大坂などの上方から買いつけた洗練された製品を流通させるとともに,各地域の特産品を上方に流通させることによって,新しい市場で需要をつくり出し,各藩においても重宝された。彼らはその日暮らしの小売商でも,また近江地方だけの商いだけでもなく,卸売りを行う広域志向の商人で,全国規模で市場開拓を行っていた(小倉,1981,1988,1991;末永,2000,2004,2005など)。

　地縁も血縁もない未知の市場で新たな顧客を獲得していかねばならないゆえに,近江商人はその地域において信頼を得ることが不可欠であった。そのため,三方よしのような考え方が彼らにとって重要な意味をもったのである。このような発想は,18世紀頃に確立されたと言われている。

2.2. 三方よしとは

　三方よしという言葉自体は先に見たように，書誌学的には存在しない。しかし，その原典の1つになっていると言われているのが，麻布商であった中村治兵衛宗岸が1754年（当時70歳）養嗣子（15歳）に当てた遺書の中に記されているものである。そこには，次のような他には類を見ない経営理念が見られる（末永，1995，2005）。

「他国へ麻布などの行商へ出かける時は，気分よく商品を購入活用してもらうために，まずはその土地の人々のことを大切に考えることが大切である。自分のことばかり計算して高利を望むようなことをしてはならない。日頃から，神や仏への信心を厚くして，欲心を抑え，行商のため他国へ入国する際には，たえず相手のことを思いやる志をもつことが第一である。」（口語訳：末永，2000より）

　近江商人には，「遠国で商売している商人は，地元の商人とは立場が違うのだから生活態度はことさらきちんとすべき」（四代目矢尾喜兵衛の記した商人の心構え，1860年，口語訳：末永，2000より）という強い他国者意識があった。同じ矢尾家には，次のようなエピソードが語り継がれている。矢尾家は，江戸時代，天保の大飢饉の際にも，米を優遇価格で販売したり寄付を行ったりして，矢尾家の商いは地元の人々から高い評価を集めていた。その後1884年，秩父事件が起きた時，農民は凶作にあえぎ武装蜂起を企て，役所や地元の高利貸業者の焼き討ちを行った。この事件の深刻さにもかかわらず，矢尾商店は蜂起した者たちから標的とされることはなく，焼き討ちされることもなかった。逆に，農民は矢尾家に助けを求めたのであった。このように，地元との共存を重視することにより，近江商人は支持を得ていたと言われている（末永，2000，2004）。

2.3. 利潤について

　近江商人は，利潤について次のような方針をもっていた。投機的な取引はしない，借金をしない，短期的な利潤を追わず長期的な視点で事業を考える。商売は継続的な行為であるから，先のことを考え，商いが存続かつ発展するのに足る程度の利益でもって，自分も取引相手も満足を生むように行われなければならない，と。

　そもそも江戸時代の士農工商の身分制度のもとでは，武士が最も身分が高く，農民，職人がそれに続き，商人の身分は最も低く位置づけられていた。利潤を追求する商人は，卑しい身分と考えられていた。しかし江戸時代の思想家・石田梅岩（1685-1744）は，商人の利潤追求の正当性を積極的に肯定した。商業の本質を知る石田は，モノの交換・流通にかかわる商いは商人に課された使命であり，その結果生み出された利潤は社会に対する貢献の結果であり，利潤は武士が受け取る俸禄と同じく正当なものであると述べ，商人蔑視の考えを否定した。Ramseyer（1979）はこのあたり，「勤勉と質素倹約が富を生み出す。勤勉の結果である富は正当なものである。富は勤勉さの喜ばしい結果なのである」と説明している。言い換えれば，勤勉と禁欲をもって，社会に対して誠実に貢献したことから得られた利潤は認められてしかるべきであり，強欲さの結果とみなされるべきではない，ということである。利潤に対するこのような視点は，近江商人の商いに広く見られるものであった。

　この考え方は，西欧におけるプロテスタンティズムの精神と通ずるところがある。そのピューリタン的な職務遂行の精神と合理主義は，近代的・合理的な資本主義の精神に適合し，その信仰は資本主義の発展を促進するものとして機能したことが指摘されてきた。これに対して三方よしの心得は，宗教に由来するものではなく，全く異なる論理でありながらも，プロテスタンティズムと似たような考え方にあったと言える。

　また外村家の『心得書』（1856）には，次のように記されている。

「一般的な売買駆け引きの心構えは、自然天性に従って自他ともに成り立つような取引を心掛けることである。問屋業らしく目先のことにこだわらないで取引先のことも配慮して、長期的平均の趨勢を見ることが大切である。派手な短期的取引を激しく繰り返していかにも働きがあるように見えても、そのような取引によっては、ついに安心を得ることはできない。買い方については、競争相手の少ない時に買い入れれば、売る方は悦ぶ。売り方については先方の望む時に売り惜しみせず売り払えば、顧客も悦ぶものである。売買ともに相手の立場を尊重することが、駆け引きの極意である。」（口語訳：末永，2000 より）

近江商人は、今日で言うところの社会貢献活動にも熱心であった。例えば、彼らは地元の大橋の建て替えを行ったり、飢饉の際に米を廉価で販売したり、学校教育への寄付を行ったりした。利潤は社会から得られたものであり、社会への貢献があってこそ自分たちの商いも価値あるものになるということを理解していたのである。彼らは社会貢献活動に対する直接的な見返りを期待していたわけでも、将来的なコストをカバーしようと保険的な期待をもっていたわけでもなかった。功利主義的な理解によるものではなく、彼らはただ地元から受け入れられ、長期的に良い関係を維持していくためには、地元に様々な形で貢献することが大切だと理解していた、と言える。

3. 三方よしとCSR

次に、三方よしの心得が、今の日本企業の活動に組み込まれているのかどうかについて考えていこう。

日本においてCSRの議論が広がるに伴って、これまでは企業社会でさほど注目されてこなかった三方よしという伝統的な考え方が改めて見直されてい

る。しかしながら，三方よしの歴史的解釈から，日本には伝統的にCSRの概念に近い独自の発想があったと指摘するだけでは，経営学の議論としては不十分である。もしこの伝統的概念がCSRの概念の源流になっていたのであれば，それがどのように現代に伝えられてきたのか，あるいは伝えられてこなかったのか，またどのように企業経営に組み込まれ，変遷してきたのかを理解する必要がある。今日見られる顧客第一主義や地域への社会貢献活動などは，三方よしに遡るものとして議論することもできるかもしれない。しかし，三方よしの精神と矛盾するような問題（売り手側‥過労死，人権配慮の欠如，粉飾決算，買い手側‥不正表示，顧客情報流出，世間側‥環境汚染など）は絶えることなく起きてきた。三方よしの心得は，はたして日本企業に伝統的に根付いていたのだろうか。

3.1. 世間と社会

　三方よしの要素である「売り手よし，買い手よし」の意味は理解しやすいのであるが，「世間よし」はどのように理解したらよいのだろうか。世間よしは文字通り，社会にとって良いこととして，社会貢献活動のことを指すと理解されている。しかし，社会にとって良いことを，社会貢献活動としてだけ捉えることは狭いと言える。企業が社会的課題にかかわるのは，第1章の表1-1で見たように社会貢献活動のみならず，経営のあり方そのものを改善していくことによって，さらに，ビジネスとして社会の持続可能な発展に貢献する社会的事業を通してもなしうる。そもそもこの世間よしとは，どのような視点で語られているだろうか。また，世間は英語でいう社会（society）と同じ意味をもっていると言えるのだろうか。

　近江商人が日本中に行商に出る際，初めて訪問する他国では，その地域の人々に歓迎され，確執を生むことなく人々と共存することを何よりも優先していたことは重要である。ただそのことを後の研究者や実務家が，古くからある日本語で「世間よし」と表現したことで，本来のニュアンスが生かされている

と言えるだろうか。日本語の世間には英語の社会（society）と同じ意味があるわけではなく，広い概念ではない。世間においてポイントとなるのは，自立した個人がいかに新しい社会的関係を築くかというのではなく，すでにある地縁・血縁などの中で自分をいかに位置づけるかということである（阿部，1995）。さらにそのメンバー間の贈与，互酬に基づく関係が世間という閉鎖的コミュニティの中には存在し，人々はそこでのルールや権威を共有し，これに従うことでメンバーになることが許される。

世間とは，何らかの関係をもっている，あるいはもつことになる人々との狭い関係を指しており，よそ者との関係は含まない。その意味で，世間は比較的狭いグループ内での排他的な関係であり，仲間内での共存共栄を指すと理解される。それは限定的な関係であり，他の世間のことは直接関係がない。しかし現代の企業の場合，閉鎖的な日本の市場社会や業界の中での評判を意識しているだけでは，グローバルな社会における多様な人々との関係をつくり，持続可能な地球社会を構築していくことに貢献することはできない。異なる価値や背景をもつ者同士がコミュニケーションを行い，いかに共通する部分を探り，新しいネットワークを広げていくかが問われる。既存の境界線を超えて広がるグローバルな課題にビジネス活動を通して取り組んでいくためには，異なるセクターの間を橋わたししながら，新たな協働関係をつくっていくことが重要になっている。旧来の世間における評判という発想を超えて，グローバル社会の中で新しい関係を構築していく力が重要になっている。そういった関係性の中から，新しいイノベーションが生まれる可能性が見出せる。

3.2. 理念の継承

近江商人の一般的哲学や三方よしの精神や創業者の理念が，明治期以降どのように理解され，その後の近代株式会社の中でどのように伝えられてきたのかは定かでない。いずれにせよ，伝統的な理念を，明治から昭和において，企業社会が大きく構造変化していく中で，そのまま伝えていくことは容易なことで

はない。資本主義化が進み，事業体の規模や事業活動の範囲も飛躍的に大きくなるに従って，近江商人が行う商いの中で伝えられてきた理念が生き延びていくことは難しいことである。一般に，創業者の哲学や創業の理念を伝えていくことを難しくしている要因にはいくつかある。とくに，創業者から雇われ経営者への変化，組織の大規模化や階層化，組織再編（M&Aなど）による多様化，国内外での競争の激化，市場のグローバル化，多様な人材を受け入れることによる組織文化の変容など。近江の商家や創業企業において，当初従業員は創業者の哲学や言葉を理解し共有していたが，上記のように環境や組織構造が大きく変化する中で，継承し，共有していくことは，難しくなっている。さらに時代が求める，あるいは企業活動に期待される役割や責任が変化していることも考慮しなければならない。

　明治時代に高い理想のもと設立された老舗企業においても，創始者がもっていた情熱と信条が少しずつ薄れ，共有されなくなっていくことは少なくない。企業不祥事を起こし厳しい批判を受けた後，創始者の哲学を振り返り，コアバリューの見直しを行い，CSR経営の体制を構築した会社もある。例えば，野村證券は，1990～2000年代にかけて企業不祥事を続けて起こし，市場社会から厳しく批判された。企業体制を立て直し，さらにCSRの経営体制を構築していくに当たって，創業二代目野村徳七の「証券報国こそは野村證券の職域奉公の実体にして，あくまでもこれを貫徹すべく」，「自身の利益よりも，顧客の利益を先にす」の言葉を改めて見直した。同社はそれをグループ全体のCSR経営の根幹と見直し，「ミッション・ステートメント」として位置づけ，目標，ビジョン，戦略全体の体系化を行った。三井物産も2000年代前半，立て続けに企業不祥事が発覚した。社内では，厳しい市場競争・ビジネス環境の中，創業時の伝統的理念が継承・共有されなくなっていたことを反省した。同社もCSR経営の体制を構築していくに当たって，創業者の言葉を見直している。益田 孝は「誠実を宗とし諸事親切丁寧に扱い，広く信用を得てもって商業の興隆に至らんことを目的とする」，「眼前の利に迷い，永遠の利を忘れるごときことなし，遠大な希望を抱かれることを望む」，さらに「三井には人間が養成

してある。これが三井の宝である。」(1876年)と述べている。それらを三井物産のDNAとして再確認し、経営理念(Mission, Vision, Values)を明文化し、「良い仕事」をキーワードに再建を図ってきた。

昭和以降に創業された企業で、創業者の理念をベースに位置づけ、共有している企業もある。例えば、オムロンやパナソニックの創業者は、「会社は社会の公器」という理念を明示しており、今も受け継がれている。またそれはCSR経営を考える際の土台となっている。オムロンの創業者立石一真は、「企業は社会に役立ってこそ存在価値があり、利潤を上げることができ、存続していける」と述べている(オムロンの企業理念より)。またパナソニックの創業者松下幸之助は、次のように述べている。「会社は本質的には個人のものではなく、社会のもの。いかなる企業でも、その仕事を社会が必要とするからなり立っているのだ。企業活動に必要な経営資源も全て社会のものであり、それを預かって仕事をしているという理解。それが社会的責任である。」(松下、2004)。これがパナソニックのCSRの根幹となっている。パナソニックでは、グループ全体のCSRを考えるに当たってこの創業者の考え方をもとにしており、海外子会社においてもそれが理解されている。両社とも不祥事や問題があった際も、この考えに立ち帰り、社内・外での対応を行ってきた。

3.3. 現代のCSRとの違い

近江商人の心得には、売り手、買い手、世間という3つのステイクホルダーに対する配慮が示されている。しかし、近江商人によるステイクホルダーの捉え方は、現代の市場社会においては狭いと言わざるをえない。さらに今日企業に求められるCSRは、個々の商人が商取引を行う際に求められる倫理観を超えたものがある。

現代のCSRは、環境、労働・人権、サプライチェーンの管理、(同質性の高い日本人とは異なる)様々な国や人々とのコミュニケーションなど、多様な問題を考慮する必要がある。ステイクホルダーの範囲も広がり、多様化し、グロ

ーバルな視点から持続可能な経済・社会・環境を確立するために CSR を捉えることが求められている。CSR の本質を考えることは，資本主義の経済において企業に伝統的に期待されてきた役割や責任，そしてステイクホルダーとの関係を問い直すことでもある。CSR を考えていくに当たっては，商人や経営者個人の倫理観に焦点を当てるだけではなく，社会制度や企業組織の構造から，企業にアカウンタビリティーを求める社会やステイクホルダーとの関係を幅広く捉えていくことが必要である。

　三方よしは売り手，買い手，世間というステイクホルダーを重視しており，それが日本企業がステイクホルダー型であると広く理解されていることの源流と言われている。しかしながら，三方よしにおけるステイクホルダーの概念はすでに述べた通り狭く，限定的である。さらにこの考え方をもとに，現在の企業と社会の関係が形成されてきたわけではない。第二次世界大戦後に再構築された企業社会の構造的特徴の中にステイクホルダーとの関係を見ることができる。前章で見た点を，簡単に確認しておこう。

　日本企業においては，アングロサクソン系企業の標準的な構造とは異なり，株主・投資家の影響力はあまり大きくなかった。日本企業の所有構造は，第2次世界大戦以降の政治・経済状況から生まれている。とくに次の2つの契機を経て，株式を相互に持ち合う日本企業の所有構造がつくられてきた。1つは，戦後財閥が解体されたが，住友，三井，三菱などの企業グループとして株を持ち合い再興したこと。もう1つは，日本が OECD に加盟することになった 1960 年代，外国資本からの乗っ取りの脅威に日本企業が直面したことである。日本企業は，敵対的買収を回避するためグループ企業間で株式を持ち合い，お互いに安定株主となり相互支配の構造をつくっていった。その結果，株主総会は次第に形骸化した。主要株主はお互いに白紙委任状を出し合い，お互いの経営には干渉しない経営者支配のシステムがつくられた。

　戦後の高度経済成長期および低成長期においても，経営者はこの構造によって株主や投資家にとくに配慮することなく，長期的な経営戦略や投資の意思決定を行うことができた。企業に期待された役割は，効率的にモノを生産し大量

に販売するシステムをつくる中で,雇用を維持することであり,それが企業の果たすべき最も重要な社会的責任とされた。また従業員も,懸命に働くことで会社が成長し,ひいては広く社会の利益にもつながり,その結果安定した雇用と福祉が得られる,という理解が共有されていた。株主,従業員,下請け子会社と企業の関係において,そのコアメンバーは企業社会システムの中心に位置づけられる。そこでは Dore (1993, 2000) などが指摘するように,日本の企業と社会の関係は連帯主義的に見える。しかし一方で,周縁メンバーはこの構造内で中心メンバーにはなれず,排他的な位置づけに置かれていた(Wokutch and Shepard, 1999)。したがって,周縁メンバーは企業社会のメリットを共に享受することはできなかった。この構造はバブル経済の崩壊以降,1990 年代に入って少しずつ変化していくことになる(谷本,2002)。

以上のような企業社会システムにおいて,日本企業はアングロサクソン系企業と異なり,株主からの圧力をほとんど受けることなく長期的な視点で経営を行うことができ,従業員や顧客といったステイクホルダーを重視する経営を行うことができたのである。このように,戦後形成された企業社会の構造を考えることが重要で,それは日本が伝統的に三方よしの関係を重視していたからステイクホルダー指向の経営がなされた,というわけではない。

4. 結　論

近江商人の広域にわたる商いの積み重ねから得られた三方よしの心得は,売り手,買い手,世間というステイクホルダーを重視する考え方であり,現代の企業に見られる CSR の精神と通底するものがあると言われている。そこから,"日本企業の CSR は,海外からの外圧によって生み出されたというわけではなく,もともと日本には古くから源流となる考え方があった"とする議論がある。たしかに CSR の発想や内容は,西欧型と非西欧型と分けることも可能で

あり，日本には独自のアプローチや倫理規範があると言われる。こういった見方に間違いはないが，日本における CSR の源流を強調する論者は，三方よしの心得を歴史的に解明し解説するだけで，それが現代の企業経営にどのように生きているのか，あるいは生きていないのかについて，経営学的な研究を行っているわけではない。現代の CSR と伝統的な三方よしとはどう違うのかといった議論が必要である。

　非西欧型 CSR を考えていくに当たっても，特定の地域研究にとどめるのではなく，国際的な比較研究が必要であろう。国（地域）によって，歴史的・文化的背景が異なるのみならず，企業と社会/ステイクホルダーとの関係性の違い，政府の役割，CSR への視点について，どのような違いがあるのか明らかにする比較制度研究が必要である（Matten and Moon, 2008; Mallin ed., 2009; Fukukawa ed., 2009 他）。同時に，グローバル経済において，各国企業の CSR 活動が相互に影響を与え合うことや，共通する事象についても注意を払う必要がある。CSR 経営がこれまでの経営理念や経営行動を変えている。CSR 研究において，理論的，実践的なインプリケーションを引き出していくことが重要な課題である。

　以上見てきたように，三方よしは日本の江戸時代の近江商人の商取引における商人の倫理的な心得であり，日本企業の CSR の源流の一つであるとされている。それが，顧客や地域社会などのステイクホルダーを重視する日本企業のビジネス倫理のベースになってきたという指摘がある。しかしながら，ただそう指摘するだけでは，日本における現在の CSR 経営の問題点を説明することはできない。日本の市場は，グローバル市場の中でのみ存在しており，日本企業の CSR もグローバルな経済社会の視点から捉えていかねばならない。企業に期待される役割や責任も変化し，経営理念も変化している。日本企業と海外企業との違いを理解し，企業経営に対する日本的アプローチの特徴を認識しながら，いかに CSR を組み入れ，経営戦略を展開し，競争力を高めていくか。日本企業にとって重要な課題である。

第 3 章 CSR と海外投資家

第 1 章において，日本企業の CSR への取り組みは，グローバルな市場社会の動向に大きく影響されていることを述べた。そこで本章では，日本企業の CSR の制度化に対して海外からの影響，とくに海外からの投資がどのように影響しているかを調べていくことにする。具体的には，海外からの直接投資（FDI）およびポートフォリオ投資（FPI）の増加と，CSR の制度化（CSR 担当部署の設置，CSR 担当役員の任命，CSR ガイドラインの文書化など）に対する関心の高まりの間にどのような関係性が見られるか，ということを検証していく。この関係性を解明するためにはまず，日本の経営者が海外投資家をどのように認識しているのか，相反する 2 つの見方，海外投資家は「短期的利益の追求者」なのか，あるいは「イノベーティブな取り組みの普及者」なのか，について考える。次に，海外からの投資と CSR 経営との間にいかなる関係性が見られるか，日本企業 749 社に関するデータセットを用いて分析を行う。分析結果から，海外からの投資と CSR の制度化には正の関係があることが示される。また，国際商取引の度合い，企業規模，企業グループへの加盟も，CSR の制度化と正の関係が見られることが明らかとなった。

1. 問題提起

　企業の社会的責任（CSR）とは，企業が社会や環境への配慮を経営に組み込むために行う意思決定や諸施策を指す。CSR方針を忠実に実行する上で，企業は，収益性や投資家の財務上の関心に基づいてのみ企業活動を行うのではなく，様々なステイクホルダー（顧客，従業員，環境，地域コミュニティ）への影響も考慮することが求められている。

　最近のCSRブームは欧米からグローバルに広がり，日本でも2000年代半ば頃から急速に知られるようになっている。例えば，最大の新聞・雑誌記事データベースの1つであるFactivaでは，2006年現在，「企業の社会的責任」で用語検索を行うと1,865件のヒットがあるが，2002年時点では81件にすぎなかった。今日では，日本のほとんどの大企業が財務報告書に合わせて，CSR報告書を発行している。しかしながら，一定程度の環境や社会関連の取り組みは行ってはいるものの，日本企業のCSRへの取り組みは，欧米企業のそれとは必ずしも同質とは言えない（Wokutch and Shepard, 1999）。とくに，日本企業はこれまでCSR経営に取り組むことには，あまりなじみがなかった。それにもかかわらず，最近のCSRブームにおいて日本企業はCSRを制度化する取り組み（CSR部署の設置，CSR担当役員の任命，CSRガイドラインの文書化など）を急速に進めてきている。そこでこのような動きに着目し，なぜこのようなことが起きているのか考えていくことにする。

　まず，日本企業が以前よりもCSRに関心をもつようになっている背景を概観しておこう。多国籍企業の国際的な展開により，次のような点が挙げられる。① 地球温暖化のような深刻な環境問題によって，持続可能な発展への関心が高まっている。② 労働や人権などの問題につき途上国の現地住民との間に衝突が生じる可能性が増えている。③ マスメディアとITの発達によって，

NGOや一般市民が社会・環境問題に関する情報を収集したり，広げたりすることが容易になり，問題のある行動を起こした企業には厳しい批判がなされ，評判を落とす可能性が増えている。また ④ 競争力の決定要因として技術や知識の重要性が増しており，企業は責任ある活動を行うことによって優秀な人材を引きつけることにも関心を抱くようになっている。⑤ 政府，社会，産業界の間の伝統的関係は変化し，企業は今まで以上の社会への貢献が期待されるようになり，政府機関は規制緩和と民営化によって小さな政府化を進めている（谷本，2006; Tanimoto, 2009）。

同じようなグローバルな背景をもっていても，日本企業が他の国の企業と同じ契機と方法で，CSR に対応しているわけではない。企業とステイクホルダーの関係は，国（地域）における特有の制度や文化的文脈によって異なる（Maignan et al., 1999; Aguilera and Jackson, 2003; Gardberg and Fombrun, 2006; Tanimoto, 2006）。国際的に規定された CSR の基準や規範を導入しようとするに当っても，国（地域），業界／企業によって取り組みに差がある。例えば Wokutch and Shepard（1999）は，「日本企業は，多くの CSR の領域において世界的リーダーであり，多くの企業が見習おうとするようなパフォーマンスを示している。しかしながら，一般的に受け入れられている最低限の基準にさえも達していないような活動領域もある」と指摘している。つまり，CSR の制度化など国際的に規定された取り組みを日本企業が次第に広く理解し，採用するようになっていくには，一般的な社会経済的発展以外の理由が求められる。

日本の主要な経済団体は CSR を重視し，その意識を高めるため，積極的にイニシアティブをとってきた。とくに経済同友会は，国際レベルの動向調査，経営者に対する意識調査，ベストプラクティス・ガイドラインのとりまとめなどを行い，様々な報告書を発行してきた。また，日本経団連は，2003 年に社会的に責任ある経営について議論するため「社会的責任経営部会」を設置している。翌年 CSR 推進への基本的考え方を公表し，2005 年からは ISO/SR への実質的な対応も開始している。関連組織である CBCC（企業市民協議会）は，

2005年頃から積極的にCSRの現状を知るため海外にミッションを派遣したり，調査・意見交換したり，積極的にかかわっている。ただ経済産業省など関係省庁は，勉強会を開催したり，CSRにかかわる課題への理解を高めるために報告書を作成したり，ガイドライン（例えば，環境報告書ガイドライン）を発行しているが，CSRは企業の自主性に委ねるものとして，より踏み込んだ政策的取り組みにはかかわっていない。

ところで，多くの企業にとって，CSRの制度化を進めていく上で，同業他社が最も影響力のある情報源の1つとなっている（Aldrich, 1979）。企業が活動の成果について確信がもてない場合，単に他社もそうしているから自社も実施する，ということはしばしば見られる（DiMaggio and Powell, 1983）。その意味からも，最近のCSRの動きがどのように広がったのかを理解するためには，先進的な取り組みを行ってきた企業の特徴を知ることが重要である。

Gardberg and Fombrun（2006）は，CSRや企業市民活動への取り組みは，研究開発や広報などと同じように，戦略的投資として見るべきであると主張している。企業にとって，国家主義的な障壁を乗り越え，グローバル化を進め，進出先の国（地域）で競合企業をしのぐような無形資産を生み出す可能性があるからである。つまり，CSRに対するコミットメントとしてCSR経営は，一種のイノベーションと理解することができる。イノベーションの普及を考察しているWejnert（2002）によると，イノベーションの採用においてアクターの特徴が重要な決定要因と指摘している。

したがって，先行研究では，なぜある企業は他社よりもCSR関連活動に積極的に取り組んでいるのかを説明する要因として，様々なアクターの特徴が挙げられている（McWilliams and Siegel, 2001など）。例えば，企業規模，多様化の程度，R&D，広告，政府との取引，消費者の収入，労働市場，産業のライフサイクルのステージなど。しかしながら，日本企業のCSRへの取り組みについては，海外からの投資が重要な役割を果たしていると考えられるが，「海外からの投資」についてはこれまでほとんど研究されていない。本章の目的は，海外からの投資が日本企業のCSRの制度化に対して影響を及ぼしている

かどうかについて（その影響が正か負かは別にして），実証分析を通して明らかにしていく。

そこで次節では，日本における海外からの投資の増大傾向について概観し，第3節では，その海外投資に対する基本的な考え方を検討する。第4節では，CSRへの取り組みに海外からの投資が及ぼす影響を評価するモデルを示す。第5節では分析結果を示し，第6節ではその結果について検討する。最後に本研究の限界にも触れ，今後の研究の方向性を示す。

2. 日本における海外からの投資の増大

海外からの投資が日本でますます注目を集めるようになっている。これは1990年代以降，株式市場がグローバル化したことや（Useem, 1998），第1章でも述べたように1990年代初頭にバブル経済がはじけた後の日本の不況によって，企業と銀行間の株式持ち合いの解体が急速に進んだことによる（Hoshi and Kashyap, 2001）。伊藤（2007）によれば，日本の金融市場における相互持ち合いの割合は，1991年の28％から2006年には9％に落ち込んだ。このような背景のもと，日本市場への海外からの投資が大きく広がった。

日本では未だに，海外からの直接投資は相対的には限られている。対内直接投資は，2005年にはGDPの2.2％に過ぎず，先進国の中では最も低い数字である（OECD, 2008）。しかしながら，1990年には0.3％に過ぎなかった。0.3％から2.2％への増大は，過小に評価すべきではない。近年直接投資，ポートフォリオ投資とともに，海外投資家の存在感が非常に大きくなってきたということを意味する。実際，日本の株式市場の全上場企業に占める外国人持株比率は，1990年には5％以下であったが，それ以降急速に増えている。現在では，図3-1に示すように，30％を上回っている。

このような動きの中で，日本における海外からの投資に関する研究は最近急

図 3-1 外国人の株式保有比率の推移

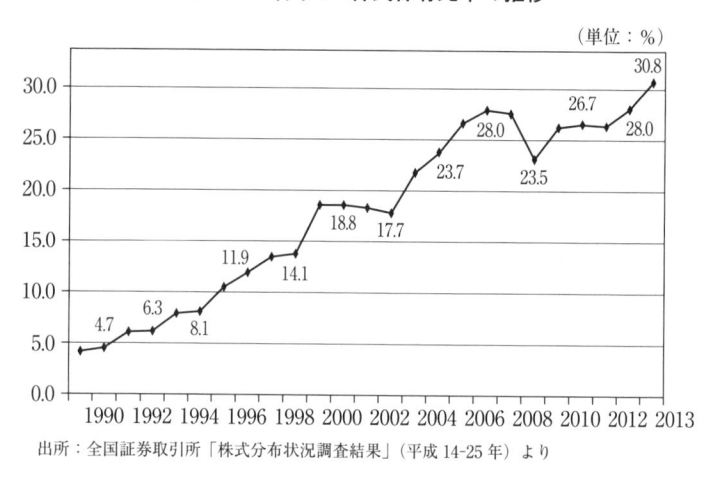

(単位：%)

データ点：1990: 4.7, 1992: 6.3, 1994: 8.1, 1996: 11.9, 1998: 14.1, 2000: 18.8, 2002: 17.7, 2004: 23.7, 2006: 28.0, 2008: 23.5, 2010: 26.7, 2012: 28.0, 2013: 30.8

出所：全国証券取引所「株式分布状況調査結果」（平成14-25年）より

速に発展している。海外投資家のプロフィールや，日本株式市場における行動様式を詳しく調べた研究や（Kang and Stulz, 1997; Hamao and Mei, 2001; 代田, 2002; Kamesaka et al., 2003; 菊地，2007），経営合理化や資産売却（Ahmadjian and Robinson, 2001; Ahmadjian and Robbins, 2005），配当，資本支出，収益性，株価の変動（Gedajlovic et al., 2005），売上高人件費比率（Yoshikawa et al., 2005），研究開発／資本投資（David et al., 2006）など，海外からの投資が日本企業の行動様式やパフォーマンスに及ぼす影響を様々な角度から研究している。海外からの投資だけに焦点を当てたわけではないとしても，他にも多くの研究が日本企業の行動様式を説明する変数として海外からの投資を組み込んでいる。例えば，O'Shaughnessy et al.（2007）は，とりわけCSR関連の行動様式に着目し，日本企業の社会的パフォーマンスに影響を及ぼす要因を検討している。他にも，ISO14001の取得に当たり，海外からの投資が及ぼす影響について国レベルで調査した研究（Neumayer and Perkins, 2004）や，その日本企業を対象に調査した研究（Nakamura et al., 2001; Welch et al., 2002; Hibiki et al., 2004）などがある。本書では，日本企業における子育て中の従業員に対する支援を説明するモデルにも，海外からの投資を含めている（第5章参照）。

3. 海外投資に対する2つの見解

3.1. 短期的利益の追求者としての海外投資家

　ところで，日本市場に対する海外投資家がもつ影響について，2つの代表的な見方がある。1つは，海外投資家は近視眼的で短期的利益に集中し，企業の長期的繁栄についてはほとんど考慮していないというもの（Ahmadjian and Robbins, 2005）。この見解には2つの要因がある。

　1つの要因は，海外投資家の国籍に関してである。日本における海外投資家の大半はアメリカであり，2007年におけるアメリカからの投資は，ポートフォリオ投資と直接投資を合わせた資金流入総額の約60％を占めていた（財務省，2008a, b）。アメリカは自由市場経済のメカニズムのもと，市場では互いに対等に製品・サービスを交換するという関係にあり，経済主体はそれぞれ限界収益予測を立てながら企業行動を調整している（Hall and Soskice, 2001）。自由市場経済において，投資家は予想される短期的収益性に基づいて投資判断を行うと想定されるため，近視眼的だとみなされることが多い。そのような投資行動は，日本モデルにおける安定株主の行動様式とは全く異なる。安定株主による投資は，利益を得ることよりも何よりも，企業間の長期的関係を守ることを目的としているからである。安定株主は，短期的収益性よりも長期的成長に重点を置くことが期待されている（青木，1995）。企業間での株式の相互持ち合いが普及したために，日本の株式市場は，1990年代始めのバブル経済崩壊後に海外からの投資の流入が増加し始めるまで，安定株主が大部分を占めるという特徴をもっていた。

　2つ目の要因として挙げられるのは，ほとんどの海外投資家が機関投資家であるということである。アメリカにおいて，機関投資家の行動様式は，個人投

資家よりも近視眼的である。Porter（1992）によれば「アメリカの機関投資の目標は，純粋に財務的で，株価指数と比較して投資ポートフォリオが四半期あるいは年間でどれだけ評価益を生み出すかに注目している。経営者は短期的なパフォーマンスで評価されるため，投資目標も株価の目先の評価に集中してしまう」。日本の投資家の多くも機関投資家であるが，海外機関投資家のように売却や議決権行使を行う可能性は低い（Ahmadjian and Robbins, 2005）。多くは長期的な関係を前提としている。例えば，最近海外機関投資家が日本企業の株主総会で提示額よりも高い配当を要求したが，日本国内の投資家から賛同を取りつけることができなかった，という逸話がある（Wall Street Journal, 29 June 2007）。

こうした見方とは対照的に，海外投資家は長期的ファンダメンタルズよりも短期的利益に基づいて投資判断を行っているわけではない，と論じる研究もある（Hamao and Mei, 2001）。しかしながら，「機関投資家は大口の株式保有高にもかかわらず，その代理人が企業の取締役会に出席しているわけではない。結果として，経営行動に何ら直接的な影響を及ぼしているわけではない」（Porter, 1992）。したがって，企業経営者は投資家から歓迎されると自分たちが考えるように行動しがちである。

先行研究によれば，海外投資家は企業の業績が悪化している時にはとくに，経営者に対して長期的な戦略的投資を抑制するように作用するという。Yoshikawa et al.（2005）は，海外からの投資は，企業の業績が低い時に売上高人件費比率の減少に働くと論じる。なぜなら経営者にコストカットの努力を示すようプレッシャーが働くからである。David et al.（2006）は，海外からの投資は企業が成長機会を示すことができない時，つまりその企業の市場価値が総資産を下回る時，研究開発費・設備費に負の影響を及ぼすとしている。

3.2. イノベーティブな取り組みの普及者としての海外投資家

もう1つの代表的見方は，海外からの投資はイノベーションの普及を促進さ

せるというものである。海外投資家は，企業がイノベーティブな取り組みを採用することに積極的であると考えられている。その理由としては，次の3つが考えられる。

1つは，海外投資家は，国内市場ではまだあまり知られていない海外での取り組みについての知識をもっていると思われる。海外投資家は，日本だけでなく自国や他の地域でも投資を行っているからである。

2つ目に，海外投資家は国内で一般的な考え方や価値に縛られない。国内の投資家は，国際的なアイディアに対して馴染みのないものとして，あまり注意を払わない可能性がある（Katz and Allen, 1982）。日本と西欧の間には大きな文化的ギャップがあるという一般的な認識が，西欧で生まれたアイディアを取り入れることを妨げがちである（Bhagat et al., 2002）。それに対し海外投資家は新しい価値観を評価し，促進させる傾向にある。

3つ目に，海外投資家は協調や同一化を求める社会的圧力にさらされることが比較的少ない。日本は，他の先進国と比べ，他者との同質化を求める横並び的文化をもっている（Hofstede, 2001）。海外投資家は最初から異質な存在であるため，新しい概念を取り入れるに当たって慎重であることはない。

多国籍企業の海外関連会社に関する研究では，海外からの投資は革新性に関してポジティブな影響力をもっていること，海外の関連会社は国内市場で操業する企業よりも全体的に業績が良いことが示されている（Bellak, 2004; Sadowski and Sadowski-Rasters, 2006）。機関投資家によるポートフォリオ投資よりも多国籍企業による直接投資の方が，革新性に対する影響がより強いと言える。ただこのことは，ポートフォリオ投資の影響力が弱いということを意味しているわけではない。海外からの投資が大きい企業の経営者は，海外からの投資が少ない企業の経営者と比べ，国際的な影響にさらされる度合いがより強いため，グローバルに広がり始めている取り組みによりすばやく対応するだろう，ということである。

4. 分析モデル

4.1. 海外からの投資がCSRの制度化に与える影響

　上記の2つの見解は，日本におけるCSRの制度化に対し海外からの投資がもたらす影響について，対照的な予測を生み出すことになる。1つ目の短期的利益の視点によれば，CSRのような取り組みへの投資は不必要と理解されるため，海外からの大規模な投資は負の影響をもつ可能性がある。以前から，企業の社会的パフォーマンスと財務的パフォーマンスの関係を調べる研究は数多くなされてきた。80年代以降，多くの研究から様々な結論が示されているが，企業の社会的パフォーマンスと財務的パフォーマンスの正の相関関係を明確に示したものはない。その関係性は，市場の成熟度（市場がCSRを評価するかどうか）に依存する（谷本，2004）。またCSRの制度化が有益であるとしても，現状としてその成果は市場で短期的に実現されるようなものではないことが多い。ここから，CSRの制度化は海外からの投資と負の相関関係にある，という仮説が示される。

　これとは対照的に2つ目の見解によると，海外からの投資とCSRへの取り組みとの間には，正の相関関係があることを示唆している。もし海外からの投資がイノベーションの普及を促すとして，CSRへの取り組みがイノベーションと認識されるなら，海外からの投資が大きい企業ほどCSRへの取り組みの初期採用者（アーリーアダプター）になる，という仮説が示される。

　先に述べた通り，重要なことは，海外投資家が実際に何に関心をもっているかではなく，日本の経営者が何が海外投資家の関心事であるかと認識するかである。そこで次に示すモデルは，CSRの制度化という文脈において海外投資家の存在を日本の経営者がどう考えるかを評価するものである。

4.2. データと分析

　ここでは，東洋経済新報社の『CSR 企業総覧（2006 年版）』から得られた調査データを利用した。質問票は，2005 年 2～3 月に 3,799 社に送付されている。調査対象は，主に日本の上場企業であり，一部未上場の大企業も含まれている。749 社から回答を得て，回答率は 19.7％であった。企業の財務データは，2004 年秋に出版された東洋経済新報社の『会社四季報』，各企業が発行する財務報告書，金融庁が提供している EDINET[1] に蓄積されたデータを用いた。

　本調査は，6 部構成となっている。第 1 部は「CSR への一般的な対応」に関するもので，次の 3 つの質問が含まれている。

① CSR を担当する特定の部署がありますか？
② CSR 担当役員を任命していますか？
③ CSR に関するガイドラインを文書化していますか？

企業における CSR の制度化を測るのに最適な指標を，これら 3 つの質問の中からどれか 1 つ選ぶことはできない。そこでこれら 3 つの指標をまとめて新しい合成変数をつくる方法がある。経営学の文献では，同種の経営実践をいくつかまとめて新しい合成変数を作成する際，一般的な方法の 1 つが，各企業が採用した取り組みの数を数えることである。例えば，Osterman（1995）は，従業員のワーク・ライフ・バランスを促進する 9 つのプログラムを採用したかどうか企業に尋ねる質問票を使い，採用されたプログラムの数を数えることにより採用の度合いを測定した。類似の方法は Morgan and Milliken（1992）や Konrad and Mangel（2000）の調査でも用いられている。

　しかしながら，プログラムの数を数えることによって求める指標は，すべてのプログラムは等価値で代替可能であるという前提のもと使用される。他の調査ではそのような前提を置かないため，複数の変数を集約して新たな変数を作成する際は他の方法を採用している。そこで最もよく使われる手法の 1 つが因子分析である（Milliken et al., 1998; Perry-Smith and Blum, 2000; Wood et al.,

2003)。第3章の働く両親に対する企業の支援に関する最近の調査においても因子分析を使い，企業の支援の程度を測定するものとして，関連する因子2つ，先進性と時間的フレキシビリティを抽出している。

　本調査に関して，3つの指標，すなわちCSR部署の設置，CSR担当役員の任命，CSRガイドラインの文書化は代替可能とは考えにくく，むしろ補完的である。そこで因子分析が適切と考え，以下のように分析を行った。

　設問1と3に対する回答は，Yesと答えた場合「1」，Noと答えた場合「0」，計画中であると答えた場合「0.5」とした。有効回答数725社のうち，185社（26%）がCSRを担当する部署を設置しており，67社（9%）は設置計画を進めていた。文書化については，176社（24%）が実施しており，130社（18%）は計画中であった。

　設問2に対する回答は，少し異なる方法でコード化した。質問票では，質問2の後に，「CSR担当役員はどの程度この課題に集中するべきか」という補足質問を設けている。それに「完全に」，「50%以上」，「50%未満」の選択肢を示している。そこで任命されたCSR担当役員が，「完全に」あるいは「50%以上」このテーマに取り組んでいると回答した場合「1」，「50%未満」は「0.5」とした。CSR担当役員を任命することを計画中である場合は，「完全に」あるいは「50%以上」に「0.5」，「50%未満」の場合には「0.25」とした。CSR担当役員を任命した企業は有効回答数723社のうち255社（35%）であった。そのうち，62社は「完全に」あるいは「50%以上」と回答し，193社は「50%未満」と回答している。CSR担当役員を任命することを計画している企業は63社あり，そのうち8社は「完全に」あるいは「50%以上」，55社が「50%未満」と回答している。

　比較してみると，CSR担当役員の任命が最も普及しており，一方でCSRガイドラインの文書化が最も遅れていた。ただ，大半の時間をCSRに充てていたのは255人の役員のうち62人（24%）に過ぎなかった。因子分析の結果は表3-1の通りである。主因子法により因子の推定を行う。固有値1を超えるのは第一因子のみであるため，第一因子のみを残し「CSRの制度化」因子と名

表 3-1　因子分析の結果

変　数	因子負荷量	独自性
CSR 担当部署の設置	0.774	0.401
CSR 担当役員の任命	0.815	0.336
CSR ガイドラインの文書化	0.642	0.588

づける。本因子のスコアを企業毎に計算し，本調査の統計分析において従属変数として用いる。

　本分析において検討すべき第一の独立変数は「海外からの投資」である。これは2つの変数によって測定される。1つ目の変数は，海外からの直接投資がある企業かそうでないかということである。国際通貨基金（IMF）の『国際収支マニュアル（第5版）』(1993) によると，直接投資とは「ある経済圏の居住者である投資家（直接投資家）が他の経済圏の企業（直接投資企業）に対して永続的権益の取得を目的として行う国際投資」と分類されている。しかしながら「永続的権益」を観察するのは困難であるため，このIMFマニュアルでは，直接投資を実質的に「海外投資家による株式持分が10％以上」と定義している。日本の「外国為替及び外国貿易管理法」は，日本の上場企業に同様の規準を適用しているため，本章においてもそれに従う。そしてダミー変数として，単一の海外投資家が10％以上の株式を保有している企業を「1」，そうでない企業を「0」とする。ただし，もし海外投資家が投資銀行のような金融機関である場合，「永続的権益」をもつことはありえないと仮定し，「0」とする。ポートフォリオ投資家に比べて直接投資家は，長期的戦略への関心が高く，国際的に確立された慣行を普及させる影響力が大きいと考えられる。したがって，ポートフォリオ投資家よりも直接投資家はCSRの制度化を評価する可能性が高いと言えるかもしれない。

　海外からの投資を測る2つ目の変数は，「企業の総投資に占める海外投資家の割合」である。海外投資家がわずかでも増加したことによって，「CSRの制度化は国際的に確立された取り組みである」という理解から，経営者がCSRの制度化に取り組むようになるのであれば，この変数の係数は正となる。逆

に，海外投資家がわずかでも増加したことによって，「追加のマネジメントコストが発生する」という理解から，経営者がCSRの制度化に取り組まないならば，この係数は負になる。

　海外からの投資に加えて，国際商取引の度合いも考慮しなければならない。最近のCSRブームの中で目立った特徴の1つに，取引関係を通じてグッド・プラクティスを普及させようとする動きがある。例えば，多国籍企業の多くがサプライヤーに対し，調達基準において環境や人権に配慮した事業活動ガイドラインに従うよう要求している。したがって，海外企業との取引が増えれば増えるほど，CSRを考慮することが求められていく。そこで国際商取引の度合いを，CSRを制度化するための外部圧力という変数として扱うこととする。

　企業の国際商取引の度合いを測るために，ここでは海外売上比率（全売上高に占める海外での売上高の割合）を使用する。他にも海外子会社における従業員数など測定方法はあるが，今回調査した企業の多くからはこうしたデータが得られないため，主として海外での売上比率に焦点を当てることにする。日本では，年度毎の財務情報開示に関する規制により，上場企業には海外での売上比率を報告する義務がある。しかしながら，海外での売上比率を10%未満と申告している企業はこの義務を免除される。海外売上比率が10%に満たなくとも報告している企業はわずかであり，大多数の企業は報告していない。したがって，本研究でできることは，国際商取引の度合いを海外売上比率が10%を越えるか否かをコード化して測定することである。

　CSRの制度化はコストがかからないわけではないため，社外からの普及圧力に加えて，「企業のキャパシティ」を考慮する必要がある。ここでは，2つの変数，企業規模と収益性をキャパシティの指標とする。企業規模は，売上高，資産価値，従業員数のいずれかによって測定されるであろう。CSRの制度化にはどれだけ人的資源を投入できるかということも重要であるため，従業員数を指標として用いることにする。収益性の測定には総資産経常利益率（ROA）を用いる。従業員数もROAも，調査時点における各社の年次報告書から引用した。

最後に，国内における普及の度合いということを考慮に入れる必要がある。イノベーションは，同業種の企業間で普及すると考えられる。企業は，同業他社のイノベーティブな活動をよく研究している。そうした活動は自社にとっても参考になる可能性が高く，同業種の企業は業界団体のようなチャネルを介して情報交換を行っている。さらに日本に見られる，業種を越えて形成される企業グループもまた重要である。伝統的に，系列として知られる6大企業集団があった。それらは，各々大規模銀行をメインバンクとしているため，金融系列とも呼ばれた。最近では，企業グループの中核となっていた6銀行間で合併があったため，このような企業グループはその結束力を弱めつつある。企業グループの結束力を支える上で最も重要な方法の一つであった株式の相互持ち合いも，既に述べた通り，一般的ではなくなってきた。ただ，こうした企業グループは完全に解体したわけではない。多くの企業は今もなお強固な企業グループとしてのアイデンティティを保持しているようであり，経営者は社長会[2]のような会議の場でよく情報交換を行っている。したがって，企業グループのメンバーであることが，グループ内でのビジネスアイディアや事業活動（CSRの制度化を含む）の普及に貢献している可能性がある。したがって，本モデルでは，8つの業界（食品・繊維，化学・薬品・石油，素材，機械製品，建設，金融，貿易，コミュニケーション）と，6つの企業グループ（住友，三井，三菱，芙蓉，三和，第一勧銀）をダミー変数として含める。「業界ダミー」の参照カテゴリーは，金融・貿易・コミュニケーションの3業界以外のサービス業である。社長会のメンバーであることをもって，企業グループのメンバーであることとする。「企業グループダミー」の参照カテゴリーは，これら6企業グループのいずれのメンバーでもない企業である。

5. 分析結果と考察

　独立変数の異なる組合せをもつ3つのモデルで，一般化された最小2乗法（OLS）による回帰分析を行った結果が表3-2である。モデル1は，業界と企業グループの変数のみのモデルである。モデル2は，モデル1にキャパシティ変数（従業員数とROA）を加えたものである。モデル3は，モデル2に海外からの投資にかかわる2つの変数（海外からの投資の割合と直接投資のダミー変数）および海外での売上比率を加えたものである。

　これら3つのモデルは，決定係数は相対的に低いものの，F値の推定において統計的に有意である。モデル3に基づく推定では，海外からの投資の割合は，CSRの制度化に非常に強い正の相関が見られる。このことは一般的に，海外からの投資は日本の経営者にCSRの制度化を促すものであることを示している。言い換えれば，海外投資家は日本の経営者から，たとえ追加コストを伴うものであっても，CSRの制度化を評価するよう期待されているということである。したがって，少なくともCSRの制度化については，海外投資家は短期的利益を追求する上での障害ではなく，この取り組みの普及者であると言うことができる。

　海外からの直接投資は，予想に反して，重要な影響を与えないという興味深い結果が出た。これは，海外企業との直接的関係はCSRの制度化の普及に正の影響だけでなく，いくぶん負の影響も及ぼしうることを示唆している。例えば，経営者は海外投資家と直接関係があることにより，他の投資家に対して自社を魅力的に見せるための努力を怠る可能性がある。

　国際商取引の度合いを表す指標である海外での売上比率も，CSRの制度化と正の相関があり，これは予測通りであった。

　CSRの制度化は，海外からの投資や海外での売上比率について考慮しなく

5. 分析結果と考察   55

表 3-2 CSR の制度化の決定要因：最小 2 乗法による回帰分析の推定値

	モデル 1		モデル 2		モデル 3	
	係数	標準誤差	係数	標準誤差	係数	標準誤差
海外投資家の割合	—	—	—	—	0.016***	0.003
直接投資	—	—	—	—	−0.309	0.219
海外での売上比率	—	—	—	—	0.213**	0.083
従業員数	—	—	0.038***	0.006	0.027***	0.006
総資産経常利益率 (ROA)	—	—	0.306	0.588	−0.247	0.579
業界						
食品・繊維	0.253	0.174	0.290*	0.171	0.196	0.166
化学・薬品・石油	0.359**	0.168	0.389**	0.164	0.185	0.164
素材	0.327**	0.164	0.316*	0.161	0.156	0.160
エレクトロニクス	0.514***	0.161	0.366**	0.160	0.087	0.166
輸送機器	0.307	0.202	0.053	0.202	−0.144	0.205
その他の機械	0.242	0.175	0.243	0.170	0.041	0.173
建設	0.044	0.180	0.042	0.176	−0.006	0.172
金融	0.141	0.166	0.138	0.165	0.011	0.162
卸売	0.202	0.181	0.249	0.176	0.125	0.173
小売	0.047	0.181	0.064	0.178	0.044	0.173
コミュニケーション	0.320	0.182	0.358**	0.179	0.334*	0.175
エネルギー	0.795**	0.297	0.506	0.292	0.551*	0.284
輸送	0.175	0.245	0.066	0.239	0.034	0.232
企業グループ						
住友	0.717***	0.260	0.579**	0.253	0.347	0.249
三井	0.426*	0.239	0.078	0.249	0.039	0.242
三菱	1.447***	0.246	1.139***	0.253	0.917***	0.249
芙蓉	0.620***	0.178	0.461***	0.174	0.364**	0.170
三和	0.224	0.140	0.104	0.139	0.036	0.135
第一勧銀	0.300*	0.167	0.157	0.170	0.104	0.166
切片	−0.345**	0.134	−0.427***	0.137	−0.464***	0.133
標本数	721	—	700	—	700	—
F 値	4.80***	—	6.62***	—	8.04***	—
自由度調整済み決定係数	0.091	—	0.145	—	0.195	—

*$P<0.1$；**$P<0.5$；***$P<0.01$

とも，企業のキャパシティ，企業が属している業界および企業グループと関係があることがモデル1と2の結果から考えられる。ただ，国際的な変数を導入すると業界の違いはすぐに無効化することを，モデル3の推定は示している。言い換えれば，一見CSRの制度化は業界毎に異なるように見えても，本当に重要なのは業界の違いではなく，海外からの投資や海外での売上比率における違いなのである。これは，海外からの投資や海外での売上比率といった変数の影響を考慮せずに，日本企業の社会的パフォーマンスにおける業界の違いを強調したO'Shaughnessy et al.（2007）への反論となりうる。

予想に反して，ROAはCSRの制度化と関係がないと考えられる。実証的な測定が適切ではなかったと言えるかもしれない。しかし，直接投資と収益性といった変数は，CSRの制度化に対する日本企業の姿勢には大して影響を及ぼさない，ということも言えるかもしれない。収益性変数が有意ではないことは，日本企業のISO14001取得に関する研究の中でNakamura et al.（2001）も示しているところである。他方，Hibiki et al.（2004）は類似の研究において反対の結論を導き出した。したがって，収益性変数がCSRの制度化にどのくらい寄与しているのか明確な判断を行うのは難しい。

三菱グループや芙蓉グループなど特定の企業グループに属していることは，モデル3においてもなお重要な影響があることは注目に値する。これらグループの社長会においてCSRが主な話題になっているかどうかは明らかではないが，そのような議論がメンバー企業のCSRの制度化を促してきた可能性はあるだろう。

6. 結　　論

本章では，日本企業のCSRへの取り組みは，海外からの影響が大きいということを，主に海外からの投資が及ぼす影響を見ることで考えた。具体的に

6. 結 論

は，海外からの直接投資およびポートフォリオ投資の増大と，CSRの制度化に対する関心の高まりという2つの事象間に相関があるかどうか検討してきた。日本の大企業を対象としたこの分析では，2つの間には強い正の相関があることがわかった。すなわち，海外からの投資が占める割合が大きくなるほど，企業がCSRを制度化する可能性が高くなる。日本の経営者は，海外投資家からCSRの制度化をコストのかかる取り組みと批判されるのではなく，評価がなされると認識していると捉えることができる。

しかしながら，この因果関係は一方的ではないかもしれない。上述の議論は，CSRの制度化を従属変数とし，海外からの投資を独立変数としているが，このような単純な因果関係ではない可能性がある。CSRの制度化が誘因となって海外投資家が投資を行う可能性もあり，その場合は因果関係がより複雑になる可能性がある。しかしながら，現在のデータセットでは，1つの因果関係と他の因果関係の違いを明らかにすることは可能ではない。

本研究におけるもう1つの限界として，サンプル・バイアスが含まれている可能性が挙げられる。調査は企業の自発的協力に基づいているため，サンプル企業は，質問票に回答しなかった企業に比べて概してCSRに関する現在の国際的動向により関心が高いであろう。これにより，いくつかの説明変数を過小評価するなど，分析結果に様々なバイアスが生じている可能性がある。海外からの直接投資や収益性といった変数に関しては，今回の分析ではCSRの制度化と有意な関係を見出せなかったものの，未回答企業もサンプルに含めることができれば異なる結果が出たかもしれない。

しかしながら，海外からの投資は，企業の経営実践におけるイノベーションとしてCSRの制度化の普及に重要な役割を果たしているという点で，本研究は興味深いケースを提示している。日本のように株式所有が長く国内に偏ってきた国では，海外からの投資は，直接投資でもポートフォリオ投資でも，他の取り組みの普及においても同様の役割を果たすであろう。海外からの投資がもたらす影響で重要なことは，必ずしも海外投資家が実際に要求しているとは限らず，日本の経営者が海外投資家の関心事であると認識していることにあるの

は興味深い。

　結論として,「海外からの投資は重要か?」という問いに対しては「重要である」と答えることができる。ただし,それが今後どのような影響を及ぼしていくか,またどのように取り組んでいくかについては,日本の経営者の認識・姿勢にかかっており,それも文脈によって変化し,またその影響も時とともに変化していくであろうことに留意すべきである。日本企業が海外からの影響を受けながら具体的にどのようにCSR経営に取り組んできたか,そこでどのような課題をかかえているかについては,第5章で考える。

(1) http://disclosure.edinet-fsa.go.jp　有価証券報告書等の開示書類
(2) 社長会:白水会(住友),二木会(三井),三菱金曜会(三菱),芙蓉懇談会(芙蓉),みどり会(三和),三金会(第一勧銀)

＜付　録＞

表 A-1　連続変数

変数	観測値	平均	標準偏差	最小値	最大値
CSR の制度化	749	0.000	0.857	−0.610	2.084
海外投資家の割合	734	10.514	12.130	0.000	77.700
従業員数（千）	749	3.192	6.290	0.004	68.857
総資産経常利益率（ROA）	728	0.044	0.055	−0.502	0.508

表 A-2　離散変数

変数	観察値	平均	標準偏差	0のケース	0.25のケース	0.5のケース	1のケース
CSR 担当部署の設置	725	0.301	0.433	473	—	67	185
CSR 担当役員の任命	723	0.244	0.317	405	55	201	62
CSR ガイドラインの文書化	725	0.332	0.421	419	—	130	176
直接投資	734	0.025	0.155	716	—	—	18
海外での売上比率（10%以上か否か）	734	0.358	0.480	471	—	—	263
食品・繊維	749	0.081	0.274	688	—	—	61
化学・薬品・石油	749	0.096	0.295	677	—	—	72
素材	749	0.116	0.321	662	—	—	87
エレクトロニクス	749	0.117	0.322	661	—	—	88
輸送機器	749	0.041	0.199	718	—	—	31
その他の機械	749	0.079	0.270	690	—	—	59
建設	749	0.067	0.250	699	—	—	50
金融	749	0.105	0.307	670	—	—	79
卸売	749	0.069	0.254	697	—	—	52
小売	749	0.064	0.245	701	—	—	48
コミュニケーション	749	0.067	0.250	699	—	—	50
エネルギー	749	0.016	0.126	737	—	—	12
輸送	749	0.027	0.161	729	—	—	20
その他のサービス（参照カテゴリ）	749	0.053	0.225	709	—	—	40
住友	749	0.015	0.120	738	—	—	11
三井	749	0.017	0.131	736	—	—	13
三菱	749	0.016	0.126	737	—	—	12
芙蓉	749	0.032	0.176	725	—	—	24
三和	749	0.055	0.228	708	—	—	41
第一勧銀	749	0.037	0.190	721	—	—	28

表 A-3 相関マトリックス

	変数	1	2	3	4	5	6	7	8
1	CSR の制度化	1.00	—	—	—	—	—	—	—
2	海外投資家の割合	0.35	1.00	—	—	—	—	—	—
3	直接投資	0.06	0.38	1.00	—	—	—	—	—
4	海外での売上比率	0.24	0.33	0.11	1.00	—	—	—	—
5	従業員数	0.33	0.38	0.08	0.19	1.00	—	—	—
6	総資産経常利益率 (ROA)	−0.01	0.09	0.05	−0.03	−0.05	1.00	—	—
7	食品・繊維	0.00	−0.04	0.02	−0.07	−0.07	−0.03	1.00	—
8	化学・薬品・石油	0.04	0.05	−0.05	0.09	−0.07	0.06	−0.10	1.00
9	素材	0.03	−0.02	−0.06	0.11	−0.03	−0.04	−0.11	−0.12
10	エレクトロニクス	0.09	0.14	0.00	0.33	0.14	−0.08	−0.11	−0.12
11	輸送機器	0.02	0.10	0.24	0.19	0.21	0.01	−0.06	−0.07
12	その他の機械	−0.01	−0.03	−0.01	0.23	−0.04	0.06	−0.09	−0.10
13	建設	−0.06	−0.04	−0.04	−0.17	−0.01	−0.07	−0.08	−0.09
14	金融	−0.03	0.08	−0.02	−0.20	−0.01	−0.16	−0.10	−0.11
15	卸売	−0.01	−0.03	−0.01	−0.02	−0.07	−0.01	−0.08	−0.09
16	小売	−0.07	−0.08	−0.04	−0.19	−0.03	0.05	−0.08	−0.09
17	コミュニケーション	0.01	−0.03	0.08	−0.19	−0.05	0.18	−0.08	−0.08
18	エネルギー	0.07	−0.03	−0.02	−0.19	0.13	−0.01	−0.04	−0.04
19	輸送	0.00	−0.04	−0.02	−0.02	0.08	−0.02	−0.05	−0.05
20	住友	0.11	0.15	−0.02	0.05	0.10	−0.06	−0.04	0.00
21	三井	0.09	0.10	−0.02	0.06	0.25	−0.03	0.00	−0.01
22	三菱	0.20	0.13	0.05	0.14	0.16	−0.05	0.00	0.00
23	芙蓉	0.13	0.12	0.02	0.04	0.14	−0.05	0.06	−0.04
24	三和	0.05	0.09	−0.04	0.04	0.08	−0.03	0.00	0.13
25	第一勧銀	0.09	0.06	−0.03	0.11	0.15	−0.05	0.00	0.01

表 A-3 つづき

	変数	9	10	11	12	13	14	15	16
9	素材	1.00	—	—	—	—	—	—	—
10	エレクトロニクス	−0.13	1.00	—	—	—	—	—	—
11	輸送機器	−0.08	−0.08	1.00	—	—	—	—	—
12	その他の機械	−0.11	−0.11	−0.06	1.00	—	—	—	—
13	建設	−0.10	−0.10	−0.06	−0.08	1.00	—	—	—
14	金融	−0.12	−0.13	−0.07	−0.10	−0.09	1.00	—	—
15	卸売	−0.10	−0.10	−0.06	−0.08	−0.08	−0.09	1.00	—
16	小売	−0.09	−0.10	−0.06	−0.08	−0.07	−0.09	−0.07	1.00
17	コミュニケーション	−0.09	−0.09	−0.05	−0.08	−0.07	−0.09	−0.07	−0.07
18	エネルギー	−0.04	−0.04	−0.03	−0.04	−0.03	−0.04	−0.03	−0.03
19	輸送	−0.06	−0.06	−0.03	−0.05	−0.04	−0.05	−0.04	−0.04
20	住友	0.06	−0.01	−0.03	−0.04	0.05	0.07	0.01	−0.03
21	三井	0.02	−0.01	0.03	0.00	−0.04	0.03	0.01	0.01
22	三菱	0.03	−0.01	0.03	0.01	−0.04	0.03	0.01	−0.03
23	芙蓉	−0.02	0.00	0.00	0.00	0.10	0.04	−0.02	−0.05
24	三和	0.01	−0.03	0.01	0.00	0.01	0.04	−0.04	−0.06
25	第一勧銀	0.05	0.00	0.00	−0.03	0.01	0.01	0.04	−0.05

	変数	17	18	19	20	21	22	23	24
17	コミュニケーション	1.00	—	—	—	—	—	—	—
18	エネルギー	−0.03	1.00	—	—	—	—	—	—
19	輸送	−0.04	−0.02	1.00	—	—	—	—	—
20	住友	−0.03	−0.02	−0.02	1.00	—	—	—	—
21	三井	−0.03	−0.02	0.05	0.16	1.00	—	—	—
22	三菱	−0.03	−0.02	0.05	−0.02	−0.02	1.00	—	—
23	芙蓉	−0.05	−0.02	0.02	0.04	−0.02	−0.02	1.00	—
24	三和	−0.06	−0.03	0.00	−0.03	−0.03	−0.03	−0.01	1.00
25	第一勧銀	−0.05	0.04	0.02	0.04	0.03	−0.02	0.13	0.06

第4章 CSR と働く両親

少子高齢化，出生率の低下は，近年，日本で最も関心の高い社会問題の1つとなっている。働く親たちを支援することが，この問題の解決策の1つの鍵であるという認識が広まっているが，日本政府は厳しい規制を課すことはせず，企業から自主的な取り組みを引き出すことに努めてきた。本章では，こうしたソフトな規制の効果を検討するために，制度的要求に対応する企業の特徴について考えていく。日本企業750社のデータセットを使って，企業の働く両親（working parents）への支援に影響を与えている潜在因子を特定するため因子分析を行い，さらに回帰分析によってこれらの因子と様々な企業の特徴との相関性を分析した。その結果，先進性と時間的フレキシビリティが共通因子であることが明らかになった。これら2つの因子は，いずれも企業規模，外国人持ち株比率，CSRへの対応と正の相関を示す一方で，女性従業員のプレゼンスや労働組合組織率については，異なる結果が見られた。業界による違いも見られた。またインタビュー調査も併用し[1]，各企業の仕事と育児の両立支援への取り組みの捉え方や課題について考えていく。

1. 問題提起

　出生率の低下は，近年，日本で最も関心の高い社会問題の1つとなっている。1980年代初めからの日本の合計特殊出生率を見てみると，1989年の1.57ショックを経て，2005年には1.25にまで達している。その原因の1つとして，働く女性が子どもをもつと，職場と家庭からの相反する要求に応えねばならないという困難に直面するからだ，と考えられている。日本ではこのような傾向がとくに顕著で，Brinton (1988) のいう「ジェンダー階層化」(gender stratification) が，伝統的に他の先進諸国と比べて進んでいる。一方で，日本でも他の先進諸国と同様に，働くことを希望する女性が増えてきていることも事実である。

　世論調査によると，「女性は出産後も働き続けることは良いことだ」と考える人の割合は，2004年で40.4%であり，1992年の23.4%よりも増えている（内閣府，2005）。また近年，日本の女性の教育レベルが高くなっていることも重要な要素である。女性の大学進学率は，1986年の12.5%から2006年には38.5%へと約3倍になっている（文部科学省，2006）。このことが女性の労働力率に及ぼす影響は限定的ではあるが（OECD, 2006），結婚・出産後も同じ会社で働き続けたいと希望する女性の増加に影響を与えていると考えられる。高学歴の女性はキャリア志向であり（連合総合生活開発研究所，1996），日本では他社に転職するよりも同じ会社に長くとどまる方が有利であることが多い。

　しかしながら，「出生1年前に就業していた女性のうちわずか30%しか出生1年半後に就業継続できていない」という調査結果もある（厚生労働省，2004年）。希望と現実の間にギャップがあり，労働市場にとどまることを希望する女性が，結婚して子どもをもつことに消極的にならざるをえない状況が見られる。事実1970年以降，20代後半から30代の女性の労働力参加率が上昇して

いるが，その大部分は未婚であり，既婚女性が働いているわけではない（財務省，2000）。女性の就業率の増加が女性の初婚年齢を上昇させており，それが出生率低下の原因の1つとなっている（丸尾，1998）。

他方，日本では働く親たちを支援する人事制度の整備を行うことで，出産後も働き続けようという女性の決断を後押しする効果がある，と先行研究が示している。Waldfogel et al.（1999）は，アメリカ，イギリス，日本において，少なくとも1人は子どもをもち，直近の出産前から就業している女性を対象に調査を行った。いずれの国においても，彼女たちは産前・産後休業，育児休業を取得できるなら，出産後も従来からの会社に復帰するという結果が示されている。また森田・金子（1998）は，調査の結果，育児休業制度が整っていると初職勤続年数が長くなると示している。滋野・大日（1998）も，育児休業制度は未婚女性労働者の就業継続にもプラスの影響を及ぼしていると述べている。滋野（2006）は，女性の就業は出産を抑制する効果を及ぼすが，企業が育児休業制度を設けることで，それは緩和されることを明らかにしている。

このような状況に対して，日本政府は企業とともに仕事と家庭の両立を図ることができるような取り組みを進めてきた。国民もその重要性をよく認識している。2004年の内閣府の調査（2005）によると，出生率低下問題に対する重要な施策として，「企業のワークライフバランスの取り組みへの支援強化」との回答が過半数（51％）を占めている。その結果を受けて，企業への支援を確実に行うために，関連する法律が施行されている。

しかしながら，政府は当該政策分野において厳しい規制措置を講じているわけではない。それには3つの理由がある。第1に，国民の意識は割れているということ。40％を越える人が「出産後も働き続ける方がよい」と考えている一方で，その他の人の中には，依然として「女性は働くべきではない」（2.7％），「結婚後は働くべきではない」（6.7％），「出産後は働くべきではない」（10.2％），もしくは「少なくとも子どもが小さいうちは働くべきではない」（34.9％）と考えている。

第2の理由は，国が民間の企業活動に対して強い規制を行うことは容認され

にくくなっているということ。政府の働く両親への支援に賛同している人々の間でさえ，政府の直接的な介入に対する抵抗感は小さくない。

第3に，政府の財源が限られていること。これこそが，政府が厳しい規制に乗り出せない最大の理由である，と厚生労働省の担当官はインタビューで語っている。社会支出の対 GDP 比を見ると，日本は OECD 諸国中最下位にランク付けされているが，その伸び率を見ると最上位にある。それに加えて，高齢化で医療保険費や年金支出の負担が増大している。このような状況のもとで，政府が民間事業者による働く両親への支援にインセンティブを付与するような支出を増やすことは困難なことである。

伝統的に日本政府は強い官僚支配というイメージ（Johnson, 1982）があるが，この政策分野においては企業の自主的な対応を促し，規範的な圧力をかけ直接介入を避けてきたのである。

本章の主な目的は，現在のソフトな規制の効果を評価し，なぜある企業は他の企業よりも制度的な要求に対応するのか，について検証することにある。経営学の先行研究において，企業は制度的要求への対応としてワークライフバランスの取り組みを行っていることに着目したものは多いが（Goodstein, 1994; Ingram and Simons, 1995; Milliken et al., 1998; Arthur, 2003; Wood et al., 2003），日本企業に関する研究は見当たらない。本章では，働く両親への支援に関する日本企業の行動を説明する要因を，先行研究からアイディアを得ながら解明していく。なお，ここでは働く両親という表現を使っているが，実際には母親への支援策に重点が置かれている。ほとんどの支援策は父親にも適応されているために両親という用語を使っているが，それは実際父親にも等しく適用されているということを意味しているわけではない。後述するように，現実はその逆である。日本では親業（子育て）における父親の役割を論じた研究も増えつつあるが（Steinberg et al., 2000; Ishii-Kuntz et al., 2004; 松田, 2006），ここでは扱わないことにする。

本章は，以下のように構成される。次節では，日本の働く両親を支援する制

度的条件の発展を見る。第3節では，制度的要求に企業はどのように対応しているかその特徴を明らかにし，仮説を設定する。第4節，第5節において実証分析を行い，その結果を考察する。最後に，政策へのインプリケーションを示す。

2. 働く両親支援のための制度的条件

　日本で最初の働く両親を支援する法律は，1947年労働基準法の一部として導入され，使用者が出産後8週間以内の女性労働者を働かせることを禁止している（第65条）。育児休業に関する法律は1975年に初めて制定されたが，その適用範囲は学校や病院といった公共機関で働く女性に限定されていた。全業界を対象とし，1歳未満児のいる女性のみならず男性も対象とした最初の法律は，1992年に施行されている。この法律は育児休業を取得せずに3歳未満児を養育する従業員に対して，短時間勤務，フレックスタイム制，残業免除，託児サービスなどの措置を講じるよう使用者に義務づけている。1995年には，失業保険法が改正され，育児休業者への給料の一部が補填（現在40％）されるようになった[2]。育児休業法（正式名称は「育児休業，介護休業等育児又は家族介護を行う労働者の福祉に関する法律」，現「育児・介護休業法」）は1999年，2002年，2005年に改正されている。2002年の改正では，事業主は育児休業の期間延長や短時間勤務といった措置を講じて，就学前児童の養育者を支援すべきとする努力義務規定が追加された。2005年の改正後は，1年以内に育児休業者が保育所の空きを見つけられないか，当該育児休業者の配偶者が1年後に子どもを養育することになっていたが，傷病または死亡などのためにその勤めを果たすことができなくなった場合にのみ，育児休業期間が18ヵ月まで延長されることになった。育児休業はまた，1年以上就業しており，出産してからの1年間も就業継続が見込まれる期間雇用者にも適用されるようになった[3]。

事業主にはこれらの取り組みを履行することが法的に課せられているが，法律は違反に対する罰金や罰則を規定していない。違反は各都道府県の労働局に報告され，調査が行われ，必要に応じて事業主への行政指導も行われる。2004年には5,602の事業主が行政指導を受けている（厚生労働省，2005b）。

育児休業法の整備を進める以外にも，政府は企業に働く両親への支援を促すような支援策を推進してきた。とくに2001年以降，国は事業主，労働者，国民のワークライフバランスに対する理解向上のために必要な措置を講じる義務を負うとする育児休業法の規定が採択されている（第33条）。厚生労働省は，2002年と2003年に，育児休業とその他のワークライフバランス支援の人事諸制度の達成に向けた目標を発表した（厚生労働省，2002，2003）。この目標には，男性労働者の10％，女性労働者の80％が育児休業を取得し，事業主の25％が就学前児童の養育者に対して短時間勤務などの支援措置のみならず，傷病児を世話するための看護休暇制度も提供することなどが掲げられている。さらに2003年には，新しく2つの法律が成立した。1つは，「少子化社会対策基本法」で，少子化社会関連の問題や対策について議論するために内閣府がリードして枠組みをつくり，2004年には少子化社会への対策をまとめた「少子化社会対策大綱」を策定している。この大綱に基づいた5年間の実施計画「子ども・子育て応援プラン」（2005年～2009年）には，長時間にわたる時間外労働の削減，実際の有給休暇取得率の増加，在宅勤務者の増加など，ワークライフバランスに関するいくつかの目標などが盛り込まれている。もう1つは，「次世代育成支援対策推進法」で，300人以上の従業員を雇用する事業主に，ワークライフバランスを促進するための行動計画を策定することを求めるものである。事業主はこの行動計画と目標の達成度を都道府県労働局に報告する必要があり，目標を達成すると認定を受けることができる。

政府はまた，法定義務を超えてワークライフバランス支援を行うことは，企業の評判と価値の向上に貢献する，という考え方を広めようとしている。例えば，厚生労働省は，30社ほどを「ファミリー・フレンドリー企業」として表彰している。同省は，内閣府男女共同参画局の要請に応えて，事業主が両立支

援度を自己評価できる「ワークライフバランス指標」を開発した。給付金も，同省所管の 21 世紀職業財団を通して提供されている。その対象となるのは，次のような取り組みを行っている企業である。事業所内託児所の運営，外部の子育て支援・家事サービスの利用に対する手当の支給，育児休業者の代替要員の雇用，短時間勤務制度やフレックスタイム制などのワークライフバランスを促進する制度の設置，男性の育児休業取得の積極的奨励，育児休業から復帰した従業員向けの研修実施など。

制度面での進展に合わせて，現場での取り組みも徐々に広がっている。2004 年 10 月に実施された「平成 16 年度女性雇用管理基本調査」によると（厚生労働省，2005a），女性の育児休業取得率は 70.6％で，2002 年の前回調査（64.0％）より 6.6 ポイント上昇している。より規模の大きい事業所（100 人以上規模）では，取得率が 83％を超えている。当初の 80％という数値目標からするとかなり良い結果と言える。

しかしながら，「出産 1 年前に就業していた女性のうち 30％しか出産 1 年半後に就業継続できていない」ことに留意しなければならない。さらに，男性の育児休業取得率は，わずか 0.56％に過ぎない。政府は，2003 年に男性が実際に育児休業を取得した事業主に対して支給する助成金制度を予算化していたが，利用がなく，2 年後には廃止されている。また同調査によると，子育て中の従業員に対して短時間勤務などの支援制度を整備している事業主の割合は 41.9％で，それは 3 歳以上の子どもがいる従業員の 12.8％に過ぎない。58％の事業者は「支援制度を設けていない」と回答している。1992 年に最初の育児休業法が施行されてからは，事業主には，少なくとも 3 歳未満児のいる従業員に対して，関連制度の整備が法的に義務づけられているのであるが，それが現状である。

全体として，日本における企業の働く親たちへの支援は改善されてきているが，多くの点で不十分である。そこで，制度的な進展に対して，なぜ積極的に対応する企業とそうでない企業があるのかを分析することには意義がある。次節では，こうした企業の対応の違いを説明する要因は何かを考えていくことに

する。

3. 制度的要求に対する企業の対応

　制度的要求に対する企業の対応を説明する要因を明らかにするために，対応のプロセスを次の3段階，認識（recognition），計算（calculation），採用（adoption）から見ていくことにする。企業は制度的要求を認識し，それに従うことの価値を計算し，関連する施策を採用する。以下に示す各要因において，この3つの段階のどれか1つ，もしくは複数がかかわってくる。

(1) 企業規模

　企業規模は，制度的要求を認識するか否かを予測する上で重要な要因となるかもしれない。一般的に，大企業や収益性の高い企業ほど経営資源が豊富で，制度的要求にも対応しやすい。また大企業は，計算段階で，要求に従うことに高い価値を見出しているかもしれない。Ingram and Simons（1995）が指摘するように，「大規模な組織ほど目立つので，規制当局やメディア，国民からの注目を集めやすく，したがって，小規模な組織よりも高いコンプライアンスを実行せざるをえない」と言える。大企業は中小企業と比べて一般的に余剰資源があるため，そこで働く従業員に求められるものも一層厳しくなる可能性がある。求められる要求が高いほど，それを無視するリスクが高まると言える。

　企業規模はまた，企業が関連施策を採用するだけのキャパシティを有しているかどうかを判断する上で重要である。大企業と中小企業では，同じ施策に対するコストの捉え方にも違いが出てくるかもしれない。大企業では，追加的財源を必要とするような施策を採用することも比較的容易である。したがって，最初の仮説は，

【仮説1】企業規模が大きくなるほど，働く両親への支援の水準も高くなる。

(2) 女性従業員

女性従業員は，男性と比べてより仕事と家庭生活のトレードオフを経験することが多い（Greenhaus and Parasuraman, 1999; Friedman and Greenhaus, 2000）。それゆえに，女性の方が企業に対して働く親たちを支援する制度を要求することが多いかもしれない。女性が明確に要求をするか，もしくは企業が自らその要求を認識しているか。いずれにせよ，企業がその要求をどの程度認識しているかは，女性従業員にどの程度依存しているかに関係がある。組織の効率性は，「組織が資源や支援を依存している利害集団から受ける要求をどのように管理するかによって決まる」（Pfeffer and Salancik, 1978）。企業の女性従業員への依存度は，社内でのプレゼンスの程度（全従業員に占める女性の割合，女性の管理職への昇進，女性の勤続年数で測られる）に比例する。女性従業員比率が高いほど，より公平に女性が管理職に昇進している。また，女性の勤続年数が長いほど，女性従業員数は増える。女性従業員のプレゼンスの高さは，企業が女性の価値をどの程度認識しているかを表すだけでなく，女性に対してより公平な見方を社内でつくり出す可能性がある。Kanter（1977）が指摘しているように，男女比の偏りは，女性の業績を正当に評価しなかったり，ジェンダーによる差異や固定観念を必要以上に強調したりすることにつながる。しかしこれらの問題は，女性従業員が多い時には起こりにくいと言える。

企業の女性従業員への依存度も，企業が働く親たちへの支援を行うメリットを計算する際にも影響を与える可能性がある。女性従業員に依存している企業ほど，前向きな計算を行うかもしれない。そこで2番目の仮説は，

【仮説2】 社内で女性従業員のプレゼンス（女性従業員比率，女性の管理職昇進，女性の勤続年数で測られる）が高まるほど，企業の働く両親への支援のレベルも高くなる。

(3) 労働組合

労働組合は，認識と計算の段階で重要な役割を果たす可能性がある。団体交

渉は,個々人による交渉よりも影響力が大きく,企業の認識を促進させる。働く両親への支援は,組合員にとってメリットが大きいため,組合は制度的要求が通るように企業側に積極的に働きかけるのではないか。労働組合の組織力にとって,働く両親への支援を行わない場合はリスクになるかもしれない。そこで3番目の仮説は,

【仮説3】労働組合組織率が高くなるほど,働く両親への支援のレベルも高くなる。

(4) 外国人所有

　企業が制度的要求をどの程度認識し受け止めるかは,その所有構造,とくに外国人持ち株比率が影響しているかもしれない。一般に,外資系企業(欧米先進国の企業)は,働く両親への支援に対する要求に積極的に対応しており,日本の伝統的なワーキングスタイルとは異なる制度を柔軟に採用している。また外資系企業は,次の2つの理由から女性従業員の確保に関心をもっている。一つは,女性は事業の進め方において,日本の伝統的な男性中心のものの見方(女性の役割を重視しない)に縛られていないこと。もう1つは,女性は日本の労働市場に遅れて参入しており,男性ほどの需要がないこと。

　日本企業は男性従業員を好んでいるが,多くの外資系企業は比較的劣った男性よりも優れた女性に注目している。彼らにとって働く親たちを支援することは,より優れた能力をもつ候補者を惹きつけることのできる効果的な採用手段である,と言える (Hall and Parker, 1993)。また現場から取締役会に至るまで,ダイバーシティ経営に取り組んでいる企業のパフォーマンスや評判は高くなっている (Singh, Kumra and Vinnicombe, 2002; Roberson and Park, 2007 他)。外国人持ち株比率の高い企業ほど,女性を確保するため働く両親への支援が求められていることを認識し,支援するよう前向きに計算し,関連する制度の採用に積極的に取り組んでいるかもしれない。そこで4つ目の仮説は,

【仮説4】外国人持ち株比率が高いほど，働く両親への支援の水準も高くなる。

(5) CSRへの対応

働く両親への支援は，近年，CSRにおける重要な課題とみなされようになっている。それは，出生率低下が社会問題となり，こういった支援が解決策の1つと考えられているからである。したがって，企業がCSRに敏感に対応することで，働く親たちへの支援の重要性に対する認識が高まる可能性がある。実際に，企業へのインタビューで，「働く親たちを支援することは，CSR活動の一部と考えている」という声が聞かれている。

さらに，CSRを重視している企業ほど短期的なコストよりも長期的な利益を考慮する傾向がある。同様にそうした企業は，働く両親への支援に対して，より前向きな計算をするかもしれない。

現在のCSRブームは，北米やヨーロッパが起源である。実際に，日本企業の多くは，主として外国人投資家向けの調査で使われる質問票やインタビューから，働く両親を支援しない場合の潜在的リスクを学んでいる。前章で見たように，外国人持ち株比率の高まりは，企業のCSRへの対応に影響を与えている。近年，日本企業のCSRへの関心は高まってきており，CSRの制度化は急速に進んでいる。したがって，CSRへの対応の程度は，外国人持ち株比率とは別個の要因であるとみなされる。5つ目の仮説は，

【仮説5】企業が近年のCSRへの社会的関心の高まりに対応するほど，働く両親への支援の水準は高くなる。

(6) 業界による違い

最後の要因は，業界による多様性に関することである。企業は同業他社を見て，制度的要求を認識したり，制度的要求に従うことのメリットを計算したりして，関連施策を採用している。企業は同業他社と同じ労働市場で競争する中で，他社と同じように働く両親への支援制度を策定することが多いかもしれな

い。もしある企業は，同業他社が実施している施策を取り入れないならば，優秀な人材を惹きつけることができず，ライバル企業に奪われてしまうかもしれない。逆に，採用のために必要でないならば，働く両親への支援を行う可能性は低いということも言える。

あるいはある企業は，他社が採用したという理由だけでその施策を取り入れているかもしれない。他社はある施策は有益であると戦略的に判断し導入しているかもしれない。また，あまり採用されていない施策についてはコストが高いか，もしくは採用するのに何らかの障害があると考え，それを採用していないのかもしれない。このように，ある施策が正統性をもつか否かは，それが多くの企業に採用されているかどうかによる。これは，とくに施策の価値を測ることが難しい時に起こるケースである。新制度派組織論が議論しているように，不確実性は模倣を促す大きな力となる（DiMaggio and Powell, 1983）。このような制度的同型化は同じ業界で起こる。企業は互いに同業他社を同じ市場における競争相手とみなして，相手を研究している。と同時に，業界団体を通じて互いにコミュニケーションを取り合うことも多い。業界とは，共有された前提と価値から成る大きな単位である（Gordon, 1991）。したがって，制度的同型化によって，業界毎に多様性が存在することになるかもしれない。そこで，6番目の仮説は，

【仮説6】働く両親への支援のレベルは，業界毎に違いがある。

4. データと分析

以上6つの仮説を検証するために，東洋経済新報社の『CSR企業総覧（2006年版）』から得られた調査データを利用した。2005年2～3月にかけて3,799社に質問票が郵送されている。調査対象は，主に日本の上場企業であり，一部未

4. データと分析

上場の大企業も含まれており，749社からの回答を得た（回答率は19.7％）。これらのデータを補足するために，個別企業の財務報告書，東洋経済新報社の『就職四季報』や『会社四季報』など，他の出版物も参照した。

質問票では，企業の働く両親への支援度を調べるために，関連する制度の有無を尋ねている。また育児休業の最長期間や，事業主が短時間勤務，フレックスタイム制，半日有給休暇，在宅勤務，育児手当などの制度を設けているかどうか，聞いている[4]。半日有給休暇とは，従業員に半日の有給休暇を取得することを認めるもので，より柔軟なスケジュール設定が可能となる。育児手当は，事業所内託児所や外部の託児所の利用にのみ支給されるもので，情報提供や照会など無形のサービスは対象外となる[5]。

先行研究を見ると，個別の制度の有無と企業の特徴の関連を検証したものが，わずかにあるのみである（Budd and Mumford, 2004）。その他には，企業の働く両親への支援度を総体的に分析したものや，企業全体の支援度を明らかにするために，特定の制度の数を測定したものもある（Morgan and Milliken, 1992; Osterman, 1995; Konrad and Mangel, 2000）。同様に，Goodstein（1994）とIngram and Simons（1995）は，特定のタイプの制度の数に基づいて，企業の対応度を定義している。これらの先行研究の前提には，異なる制度・制度群は相互に代替可能であり，それぞれが等しく取り扱われている。

しかしながら，このような前提に基づかない研究もある。最も有名なところでは，Wood et al.（2003）の統計的分析研究があるが，異なった制度間の関連パターンは一次元構造に還元されるとする仮説を明確に棄却している。この結果に沿って，最近の研究では，少数の異なるタイプの制度をそれぞれ分析しているものが多い。純粋に定性的考察を基にした分析がある一方（Glass and Estes, 1997; Bardoel et al., 1999），因子分析などの統計的手法を使っているものもある（Milliken et al., 1998; Perry-Smith and Blum, 2000; Wood et al., 2003）。

どのアプローチがわれわれの研究に最適なのかを決めるのは難しい。上記のどの先行研究も日本企業に関するデータに基づいたものではないし，また企業の働く両親への支援の方法は，国によって異なるかもしれない。そこで，日本

企業における支援度がわが国の文脈の中でどのように議論されているのかを見るために,まず因子分析を行うことにする。

分析のために,個々の制度を採用の有無で区分し,制度を採用している場合は「1」,そうでない場合は「0」とした。ただし,育児休業については,法定義務を超える育児休業制度を採用している場合にのみ(つまり一般的には1年,特別なケースの場合は1年半)「1」とした。

両立支援の諸制度の普及率については表4-1に示している。最も導入が進んでいたのが半日有給休暇で,回答の72.2%にのぼった。続いて,短時間勤務(61.0%),フレックスタイム制(50.3%)となっている。4分の1(26.4%)を超える企業が法定義務を超える育児休業制度を設けていた。在宅勤務と育児手当はあまり普及しておらず,それぞれ4.8%,8.7%という結果である。

表 4-1 働く両親を支援する制度の普及率(合計749社)

(カッコ内単位:%)

	制度がある	制度がない	その他
長期育児休業	198(26.2)	504(67.3)	47(6.3)
短時間勤務	457(61.0)	285(38.1)	7(0.9)
フレックスタイム制	377(50.3)	367(49.0)	5(0.7)
半日有給休暇	541(72.2)	203(27.1)	5(0.7)
在宅勤務	36(4.8)	704(94.0)	9(1.2)
育児手当	65(8.7)	674(90.0)	10(1.3)

表4-2は因子分析の結果を示している。最尤法によって因子を抽出し,バリマックス回転によって因子負荷量を調整した。モデル適合度を調べるためのχ^2検定によって,2因子モデルは有意水準5%(p値=0.023)で仮説が採択されることが統計的に証明された。第1因子は先進性を表している。因子負荷量が長期育児休業,在宅勤務,育児手当で高く,これらの取り組みは現在少なくとも日本では先進的だと考えられている。第2因子は時間的フレキシビリティに関連した制度(短時間勤務,フレックスタイム制,半日有給休暇)と強い相関を示している。長期育児休業の負荷量は第2因子でも比較的高いことにも留意

表 4-2 因子分析の結果

変数	回転後の因子負荷量		独自性
	1（先進性）	2（時間的フレキシビリティ）	
長期育児休業	0.325	0.319	0.792
短時間勤務	0.199	0.506	0.705
フレックスタイム制	0.159	0.380	0.830
半日有給休暇	0.062	0.519	0.727
在宅勤務	0.340	0.147	0.863
育児手当	0.758	0.086	0.418

すべきである。

　これら2つの因子の値は，企業の働く両親への支援の一般的な特徴を表しており，後段議論する仮説検証モデルの従属変数として使うことにする。統計モデルには，重回帰分析を採用した。独立変数は次のように定義される。仮説1を検証するために，企業規模は従業員数の自然対数を用いる。日本では一般的に終身雇用の従業員を意味する正規労働者に関連したデータのみを扱う。日本企業のほとんどが両立支援制度の利用を正規の従業員に限定しているからである。

　仮説2には3つの変数がある。1つ目は女性従業員比率で，正規従業員に占める女性の割合で測る。2つ目は女性の管理職昇進で，全男性従業員に占める男性管理職の割合に対する全女性従業員に占める女性管理職の割合の比率で測る。ここでも正規従業員のみを扱う。全管理職に占める女性管理職の比率だけを用いた先行研究はいくつかあるが（Ingram and Simons, 1995; 佐々木, 2005），管理職の定義や昇進の難しさが企業によって異なるため，ここではこれらのアプローチには従わないことにしている。3つ目の女性の勤続年数は，男性正規従業員の平均勤続年数に対する女性正規従業員の平均勤続年数の比率で定義する。相対的な数値を使うのは，女性にとって働き続けやすい労働環境であるかどうかを男性と比較してみるためである。

　仮説3と4については，それぞれ労働組合組織率と外国人持ち株比率を独立

表 4-3 各変数の平均，標準偏差，相関関係

変数	平均	標準偏差	1	2	3	4	5	6
1 長期育児休業	0.28	0.45						
2 短時間勤務	0.62	0.49	0.22**					
3 フレックスタイム制	0.51	0.50	0.24**	0.20**				
4 半日有給休暇	0.73	0.45	0.14**	0.24**	0.29**			
5 在宅勤務	0.05	0.22	0.12**	0.17**	0.14**	0.08*		
6 育児手当	0.09	0.28	0.28**	0.14**	0.19**	0.10**	0.26**	
7 企業規模	6.97	1.55	0.35**	0.24**	0.39**	0.19**	0.16**	0.25**
8 女性従業員比率	0.19	0.13	0.02	−0.01	−0.22**	−0.13**	−0.02	0.06
9 女性の管理職昇進	0.10	0.16	0.01	−0.07	−0.06	−0.13**	−0.02	0.08*
10 女性の勤続年数	0.73	0.21	0.04	0.09*	0.01	0.05	−0.03	0.01
11 労働組合組織率	0.50	0.37	0.17**	0.13**	0.29**	0.16**	0.03	0.11**
12 外国人持ち株比率	0.11	0.12	0.28**	0.18**	0.18**	0.21**	0.13**	0.24**
13 CSRへの対応度	0.44	0.50	0.20**	0.18**	0.31**	0.22**	0.13**	0.16**
14 建設	0.07	0.25	−0.05	−0.03	−0.09**	−0.09**	−0.04	−0.05
15 電気，ガス，水道	0.02	0.13	0.14**	0.04	0.06	0.05	−0.03	0.00
16 情報通信	0.07	0.25	0.14**	0.03	0.00	0.03	−0.01	−0.06
17 運輸	0.03	0.16	0.02	−0.04	0.05	−0.08*	−0.04	0.10**
18 卸売	0.07	0.25	−0.03	−0.05	−0.08*	0.04	−0.01	−0.05
19 小売	0.06	0.25	0.09*	0.04	−0.08*	−0.29**	−0.03	0.07*
20 金融	0.09	0.28	−0.02	−0.04	−0.20**	−0.13**	0.00	0.04
21 その他サービス	0.07	0.26	−0.10*	−0.10**	−0.14**	−0.08*	−0.06	−0.07

変数	7	8	9	10	11	12	13	14
8 女性従業員比率	−0.06							
9 女性の管理職昇進	−0.12**	0.10**						
10 女性の勤続年数	−0.07	0.04	0.12**					
11 労働組合組織率	0.48**	−0.18**	−0.19**	−0.09*				
12 外国人持ち株比率	0.45**	0.01	−0.04	0.07	0.14**			
13 CSRへの対応度	0.33**	−0.11**	−0.04	−0.01	0.16**	0.27**		
14 建設	0.05	−0.22**	−0.07	−0.07	−0.01	−0.04	−0.03	
15 電気，ガス，水道	0.13**	−0.07	−0.03	−0.01	0.07	−0.04	0.04	−0.03
16 情報通信	−0.06	0.02	0.21**	0.05	−0.18**	−0.04	0.03	−0.07
17 運輸	0.01	−0.09*	0.15**	−0.06	0.11**	−0.04	0.01	−0.04
18 卸売	−0.11**	0.08*	−0.01	−0.02	−0.12**	−0.04	−0.01	−0.07*
19 小売	−0.04	0.10**	0.20**	0.02	−0.07	−0.08*	−0.11**	−0.07
20 金融	0.09*	0.38**	−0.02	−0.01	0.08*	0.07*	0.00	−0.08*
21 その他サービス	−0.17**	0.22**	0.15**	0.06	−0.22**	−0.07	−0.11**	−0.07*

変数	15	16	17	18	19	20
16 情報通信	−0.03					
17 運輸	−0.02	−0.04				
18 卸売	−0.03	−0.07*	−0.05			
19 小売	−0.03	−0.07	−0.04	−0.07		
20 金融	−0.04	−0.08*	−0.05	−0.08*	−0.08*	
21 その他サービス	−0.04	−0.07*	−0.15	−0.08*	−0.07*	−0.09*

注：* は 5%水準，** は 1%水準で統計的に有意であることを示している．

変数とする。仮説5のCSRへの対応はダミー変数とし、企業がCSR経営担当役員を配置しているか配置を予定している場合は「1」とする。仮説6は、業界による違いの影響を見ることによって検証する。ここでは8つのダミー変数を用いる。建設、電気・ガス・水道、情報通信、運輸、卸売、小売、金融、その他サービスの8業種である。

すべての変数の平均、標準偏差、相関関係は表4-3に示している。

5. 分析結果と考察

　回帰分析の結果は、表4-4の通りである。興味深いことに、相関パターンが先進性と時間的フレキシビリティとでは大きく異なっていることである。しかしながら、企業規模はいずれの共通因子とも強い正の相関を示しており、仮説1を明確に支持している。大企業ほど社会との関係に敏感であり、新しい施策を導入するための財務力も大きいため、先進的になりうる。大企業ほど、同じ部署内か他で休業者のための代替要員をみいだすだけの力があり、時間に関する制度を取り入れることにもより寛大になれるのかもしれない。

　女性従業員比率は、先進性と強い相関があるが、時間的フレキシビリティとの有意な相関は見られなかった。3つの時間に関する制度のうちフレックスタイム制と半日有給休暇は、女性だけでなく男性も利用しているため、この結果は意外なことではないと言える。それに対して、先進的な制度は、いずれも主に子育て中の女性に利用対象が限定されている。在宅勤務の利用は、必ずしも子育て中の女性に限らない。在宅勤務制度を導入した企業を調査した結果によると、50%が「利用に際してそのような制限はしていない」と回答している（テレワーク推進フォーラム、2006）。それにもかかわらず、われわれが行ったインタビュー調査によると、実際に多くの場合、子育て中の女性従業員が制度のメインユーザーと想定されている。

表 4-4 回帰分析の結果

	先進性		時間的フレキシビリティ	
	係数	標準誤差	係数	標準誤差
企業規模	0.126***	0.028	0.110***	0.023
女性従業員比率	0.809***	0.295	−0.247	0.245
女性の管理職昇進	0.408*	0.218	−0.184	0.181
女性の勤続年数	0.052	0.141	0.247**	0.118
労働組合組織率	0.031	0.099	0.202**	0.082
外国人の持ち株比率	0.689**	0.304	0.483*	0.253
CSRへの対応度	0.182***	0.064	0.251***	0.053
業界				
建設	−0.064	0.122	−0.427***	0.101
電気,ガス,水道	0.114	0.290	0.205	0.241
情報通信	−0.093	0.131	0.124	0.109
運輸	0.523***	0.192	−0.489***	0.159
卸売	0.041	0.126	−0.060	0.104
小売	0.308**	0.130	−0.500***	0.108
金融	−0.049	0.116	−0.615***	0.096
その他サービス	−0.111	0.133	−0.303***	0.110
切片	−1.323***	0.218	−1.013***	0.181
標本数	558		558	
F値	7.46***		19.18***	
自由度調整済み決定係数	0.148		0.329	

(注) * は10％水準, ** は5％水準, *** は1％水準で統計的に有意であることを示している。業界の参照カテゴリーは製造業とする。

女性に関する他の変数,女性の管理職昇進と女性の勤続年数の相関パターンでは,対照的な結果が出ている。女性の管理職昇進は先進性と相関がある一方,時間的フレキシビリティとは相関性が見られなかった。長期育児休業,在宅勤務,育児手当などの制度は,女性の管理職登用に積極的な企業においてとくに効果がある。それは,子育て中の女性も他の従業員同様に働いているからである。このことが典型的に当てはまるのが育児手当で,在宅勤務も当てはまる。育児休業では仕事を完全に休むのであるが,復帰後は他の従業員と同じように働くことが期待されている。言い換えれば,休業に関連する制度は,上昇

5. 分析結果と考察

志向の女性にはあまり効果がないと言える。実際日本企業は，他の従業員なみに働かない従業員に対して給与の査定や昇進の点で寛容でないことが，企業とのインタビューからも明らかになっている。このような不利益な取り扱いを是正するためポジティブ・アクションに取り組んでいる企業もあるが，それはあくまで例外である。多くの企業は，長期的には他の従業員に追いつくことが可能だと強調してはいるものの，休業制度の利用で昇進が遅れる可能性があることを認めている。つまり，女性がもし同僚と同じペースで昇進したいと望むのであれば，完全にあるいは期間を区切って育児休業を取るよりも，保育所に子どもをできるだけ長く預けて働く方が良いということになる。

他方，女性の勤続年数については，時間的フレキシビリティと相関があるが，先進性とは相関性は見られなかった。これが示唆するところは，短時間勤務，フレックスタイム制，半日有給休暇などの時間的フレキシビリティ関連の制度が利用可能であれば，女性が仕事を続ける際の困難さを減らすことができる，ということである。この点は，小さい子どもをもつ従業員への最近の調査結果とも一致しており（松田，2006），時間的フレキシビリティ関連の制度は，一般的に長期育児休業，在宅勤務，育児手当などの制度よりも人気が高い，と言う。

女性の管理職昇進と女性の勤続年数については，この2つの変数が正の相関を示している点に留意すべきである。表4-3が示すように，この相関関係は統計的に1％水準で有意である。したがって，女性の昇進率が高い企業ほど女性が長期間働き続けるので，両方のタイプの制度が採用される傾向がある。

労働組合組織率は時間的フレキシビリティと有意な相関を示しているが，先進性とは相関が見られなかった。先進的な制度は女性向けのものが多く，組合も単に女性に特定の課題としてあまり重点的に取り扱わないのかもしれない。つまり，女性従業員比率とは反対のことがここでは当てはまる。日本の労働組合では，一般的に女性の声が十分に反映されていないことからすると，納得がいくと言える。例えば，日本労働組合総連合会（連合）の調査によると，加盟組合における女性組合員比率と女性幹部比率は，それぞれ26.85と5.0％であ

った（連合，2003）。また，日本の労働組合は女性の労働条件も考慮はしているが，しかし昇進よりも雇用の継続を優先しがちであると解釈することもできる。以上議論してきたように，時間的フレキシビリティ関連の制度は女性が仕事を継続する上では役立つであろう。しかし，そのような優先順位のつけ方こそ，日本の労働組合の男性中心の視点が反映されており，そのことが女性の昇進を軽視する傾向につながっているのかもしれない。

外国人持ち株比率は，先進性とは中程度の相関，時間的フレキシビリティとは弱い相関を示している。このことは，日本企業と外資系企業の間にはさほど強くはないものの，非対称性があるという仮説を支持するものと言える。

CSRへの対応は，CSR経営の担当役員を導入しているかどうか（近い将来予定があるかを含め）ダミー変数を使って説明しているが，先進性と時間的フレキシビリティの2つの共通因子と強い相関関係が見られた。この結果から，CSRへの対応度は両立支援の水準を向上させる，という仮説を支持していると言える。

最後に，両立支援の特徴として，業界による違いがあることが分析結果で明らかになった。表4-4に見るように，最も顕著なのは5つの業界（建設，運輸，小売，金融，その他サービス）で，製造業と比べると時間的フレキシビリティに関する制度を積極的に採用していないことがわかった。これらの業界が時間的フレキシビリティ関連制度を取り入れるに当たって，どれほど技術的に困難であるかは明確でないが，必ずしもそうだとは言えない。われわれのインタビュー調査を通して明らかになったのは，日本企業は同業他社の取り組みを常に参照していることである。企業は，新しい制度が自分たちの職場に適合するのかどうかを必ずしも検討することなく追随していることが少なくないと言える。先進性に関する制度については，運輸と小売が，製造業よりも積極的に採用していることがわかる。この2つの業界は，上記の時間的フレキシビリティ関連制度の採用に積極的でないグループに含まれるため，時間的フレキシビリティに関する制度の代わりに先進的な制度を取り入れているとみなすことができる。

6. 結　　論

　働く両親（とりわけ母親）への支援は，わが国におけるソフト規制の1つのケースとして興味深い。今後も女性が働くことを支持する動きは強くなっていくであろうから，政府も長期的にはより積極的なアプローチを取るようになる可能性がある。少子高齢化社会において，女性が労働力として重要になることは間違いない。にもかかわらず，少なくとも政府の財政状況が厳しいことや産業界の対応も含め，近い将来抜本的でハードな規制がなされることは望めないだろう。したがって，政府にとっては，ソフト規制をいかにうまく運用していくかが重要な課題となる。本研究は，そのマネジメント面での改善に資する分析結果を示せたと思う。

　実証研究の最初のステップとして働く両親への支援の背後にある2つの因子，先進性と時間的フレキシビリティを明らかにした。この2つの因子が，様々な企業の特徴と相関関係があることが回帰分析を通して明らかになった。しかしながら，政府はこういった分析を基にして制度の違いを吟味しているであろうか。例えば，育児休業法は単に関連諸制度をリストアップし，そのうち1つでも企業の責務として提供するよう規定しているだけである。これではどの制度も代替可能であるようにみなされる。しかし，それは現実にはありえないことである。

　われわれは，なぜあるタイプの企業があるタイプの制度を採用する傾向があるのかを検討してきた。インプリケーションとして，業界による違いを特定したことは意味があると言える。働く親たちを支援する制度の推進は，厚生労働省が中心的な役割を果たしているが，各業界と関係の深い省庁が連携し，それぞれが指導する方がより効果的であると思われる。制度的同型化の根本原因が，技術的な難しさよりも業界による違いにあるのであれば，各業界において

働く両親への支援に対し，それぞれ支援強化を行うことで成果が得られると思われる。

　CSRへの対応度は，同支援制度に有意な相関を示していることは注目に価する。CSRは日本で社会的な関心の高いテーマとなっており，この結果は企業の意識の向上に役立つと言える。だが同時に，CSRへの注目が弱くなれば，企業の働く両親を支援することの関心も失われていく危険性があることを示している。当初のCSRブームがいったん落ち着いた現在，CSRに対する関心を維持し，企業経営に組み入れていく試みが必要である。

　最後に，本調査分析は，比較的限られた企業サンプルから得られたデータに基づいている，という点で限界があると言える。初めに述べたように，サンプルは日本を代表する企業の約20%に過ぎない。その上，回答者は未回答者よりも自社の制度を過大に評価しがちで，サンプルにはバイアスが存在する可能性もある。

　さらに，今回時系列分析は行っておらず，結果の偶然性を否定できない。さらに分析の範囲も限定的である。とくに単に制度があるかないかを見ただけであり，利用資格や利用者数などの情報までは含められていない。しかしながら，日本企業は全体として，関連情報を開示するようになってきており，今後はそういったデータに基づいた分析が可能となるだろう。本研究は，今後の研究に対していくつかのインプリケーションを示しえたと思われる。

---

(1) インタビューは，平成16年度先導的分野戦略的情報化推進事業（仕事と育児が両立できる職場環境作りに係る民間企業のテレワーク等の先導的取組についての調査）の調査において行ったインタビューを利用している。同報告書では対象企業名77社が示されているが，インタビューそのものは匿名としている。
(2) 育児休業者には休業中，給料の30%が支給される。追加の10%は復職して6カ月間勤務したのち支払われる。
(3) 同法は，2009年にも改正されているが，本章では2005年のデータを基に分析しているので，その内容の説明は2005年までにとどめている。
(4) 質問票はまた，サテライトオフィスや有給育児休暇の導入に関する質問も含んでいるが，これらの制度の解釈は企業によってずいぶん違うようである。例えば，サテライトオフィスを，遠隔勤務と捉えている企業もあれば，通常の支店としている企業もある。有給

育児休暇を，すべての従業員が基本的な法的資格として得られる通常の有給休暇と混同している企業もあった。したがって，ここではこれらの制度を分析の対象からは外している。

(5) 事業所内託児所は，一般的に外部の託児所利用への扶助よりも事業主にとってコストのかかるものであることを考えれば，両者を区別する方がよいかもしれない。しかしながら，質問票がそのように設計されていなかったために，両者の区別は不可能である。

第5章 CSRとマネジメント・プロセス

本章では，日本企業がCSRをどのように企業経営に組み込んでいこうとしてきたか，について考察していく。主な論点は，「CSRの制度化がいかに発展してきたのか」，「それが組織内で機能しているのか」である。最近では，CSRは経営戦略の成功にとって重要であり，CSRとコーポレート・ガバナンスは相互に関連していると論じられているが，本章では，CSRが実際にどの程度企業の経営プロセスやコーポレート・ガバナンスに組み込まれているのか，もしくは組み込まれていないのかを明らかにしていく。さらにCSRに関連した制度を設けるだけではCSRは自動的に機能しないことを指摘し，そこにどのような課題があるのかについて検討していく。本研究では定性的調査方法を採用し，12社のCSR担当者にインタビューを実施し，そこから6社のケースを取り上げる。結論としては，CSR担当部署に実質的な権限委譲が行われ，その役割が社内で調整されるべきこと，またCSRの中期計画の策定は，中期経営計画と連動させる必要があること，が確認される。

1. 問題提起

　本章の目的は，日本企業において CSR 経営がいかに発展してきたのか，それがどのように機能しているのかを検討していくことにある。CSR とは，経営プロセスや事業活動に組み込まれた一連の方針および実践と理解している。多くの先行研究が主張しているように，企業が市場における信頼と競争力を確保するためには，CSR を適切に理解し，戦略的に対応していくことが重要である (Porter and Kramer, 2006; Epstein, 2008; Vilanova et al., 2009 など)。しかしながら，Utting and Marques (2010) が従来の CSR への取り組みを批判しているように，金融危機における経済的・社会的低迷を経て明らかになった企業経営の問題は，CSR ブームといっても企業は CSR をアピールしやすい部分にフォーカスし，メインストリームの重要課題として取り上げてこなかった，ということが指摘される[1]。CSR は，コーポレート・ガバナンスや経営システムの中核に組み込まれてこそ組織内で機能していく。また，コーポレート・ガバナンスは適正な CSR 経営と統合した時に，より効果的に機能する。つまり，企業が市場における評判を向上させ，ステイクホルダーに対して価値を創造していくためには，様々なステイクホルダーに対する責任とアカウンタビリティが求められるからである (Aguilera et al., 2007; Jamali et al., 2008)。また多くの機関投資家も，金融危機後，ESG を適切に考慮することが投資戦略を成功させる重要な要素であることを再確認している (PRI, 2009)。

　これまで CSR 論とコーポレート・ガバナンス論は別々に議論されてきたが，最近の研究では，両者の間には密接な関係が存在すると主張するものが増えている。CSR を経営のプロセスに組み入れていくとなると，それをどのように統治していくかという問題が出てくる。だが，実際に企業が事業活動においてどのようにこれら 2 つの概念を相互に関連させ，統合しているのだろうか。本

章では，日本企業がどのように CSR を理解し，経営プロセスの中核やガバナンス・システムに組み込んでいるのかについて検討していく。

　日本において CSR は 2000 年代に入って注目されるようになり，多くの上場企業で CSR 経営の制度化が進んでいる。例えば，大多数の上場企業は CSR 担当部署を設置し，CSR 担当役員を置いている。日本経済団体連合会（日本経団連）が 2009 年に実施した調査によると，金融危機後も多くの日本企業は予算や事業内容の優先順位等を見直しているものの，CSR に関する基本原則や姿勢を変えておらず，大多数が CSR を持続可能な社会づくりに貢献するものと捉えている[2]。しかしながら，各企業において急速に設置されてきた CSR の諸制度は，実際に効果的に機能しているのだろうか。そもそも CSR はどのように理解され，取り扱われているのか。CSR の制度化が，外から見えやすい課題（例えば，フィランソロピー活動や環境配慮型商品の開発など）に重点が偏っていないか。本業を通した CSR という言葉に誤解はないか。まず本業のあり方が問われ，経営，プロセス自体に CSR が組み込まれていなければ，専ら社会的事業や社会貢献活動に注力しても，CSR で議論されている本質は生かされない。本章では，こういった点をインタビュー調査を通して検証し，CSR 関連の制度の導入の結果，企業経営の現場において何が変わり，何が変わらなかったのかを考察していく。

2. CSR 経営の制度化

　日本企業における CSR 経営は，2003 年頃から始まった CSR ブーム以降，2000 年代半ば～後半にかけて急速に制度化がなされてきた。ここで CSR の制度化とは，CSR 報告書の発行，CSR 担当部署の設置，CSR 担当役員の配置といった取り組みに関連したものと捉える。環境省の「環境にやさしい企業行動調査」によると，環境報告書，CSR 報告書を発行する企業の数は，2000 年に

入る頃から急速に伸びている。

また東洋経済新報社のCSRデータベース『CSR企業総覧』(2005年から発行)が1,000社を超える日本の上場企業に行った調査結果によると、2013年におい

図 5-1　CRS報告書作成企業数

出所:環境省「環境にやさしい企業行動調査」平成19年度版—平成23年度版より作製。

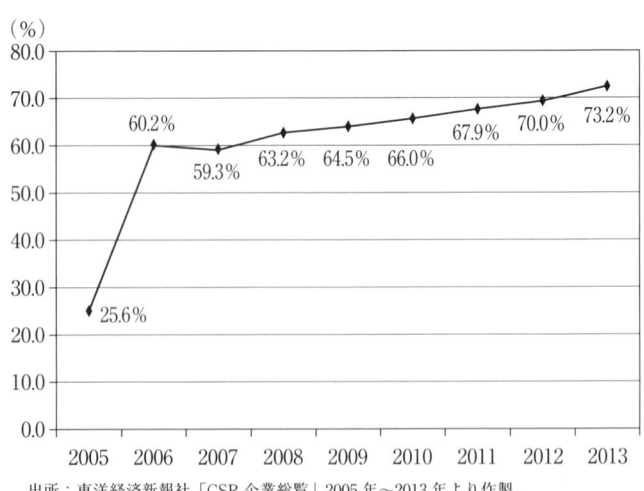

図 5-2　CSR部署の設置

出所:東洋経済新報社「CSR企業総覧」2005年〜2013年より作製。

てCSR担当部署（兼任含む）を設置している企業は73.2%（図5-2），CSR担当役員（兼任含む）を設けている企業は65.8%（図5-3），CSR方針の文書化については57.2%（図5-4）に達している。

図 5-3　CSR担当役員の設置

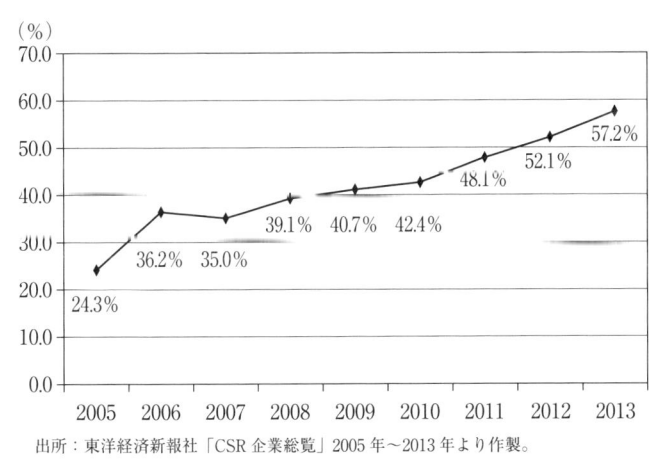

出所：東洋経済新報社「CSR企業総覧」2005年～2013年より作製。

図 5-4　CSR方針の文書化

出所：東洋経済新報社「CSR企業総覧」2005年～2013年より作製。

CSR 制度の導入は，2000 年代半ば頃から急速に広がっている。各企業の制度的対応には，横並び的で，似かよったパターンが見られた。それには次のような理由が考えられる。CSR のブームが広がる一方で，何が最適な方策なのかが見えない中，多くの日本企業は業界内外の先進企業のベストプラクティスを取り入れていた（コンサルティング会社やメディアからも同じような情報を得ていた）。企業の担当者は，常に同業他社やメディアなどの動きから生じる外部圧力に直面しており，国内外における様々な動きが，企業に CSR の制度化に取り組むよう促していた，と言うことができる（Aguilera et al., 2007）。結果的に，いわゆる組織フィールドからの圧力に対応して CSR 制度を導入した企業の数は，数年間で急速に増加している。

コンプライアンス経営の制度化は，CSR 経営の制度化より早い段階から進んできている。1990 年代，多くの企業が企業犯罪・不祥事にかかわり，市場社会からの厳しい批判にさらされた。それを受け，1990 年代末頃からコンプライアンスへの関心を高め，制度化に取り組まざるをえなくなった。2000 年代半ば頃には，表 5-1 に見るように，大企業ではほとんどの企業でコンプライアンス関連制度の設置がなされるようになっている。コンプライアンス・マニュアルの作成については，約半数が 2003 年以前に行っていたと回答している。

表 5-1　コンプライアンスの制度化

(単位：%)

	コンプライアンスマニュアルの作成	コンプライアンス担当役員の設置	コンプライアンス部署の設置	コンプライアンス委員会の設置
2006 年	86.0	80.1	60.9	71.7
2009 年	97.6	90.5	69.1	84.4

(注) 回答企業数：n=1,214（2006 年），n=1,041（2009 年）。
出所：公正取引委員会 2009 年データより作製。

CSR やコンプライアンスの制度的対応は，このように急速に進んできた。それと同時に，企業犯罪・不祥事の数も徐々に減少してきてはいる。例えば，独占禁止法違反で法的処分を受けた企業の数は，表 5-2 が示すように 2000 年代の 10 年間で減少傾向にあるとは言える。

表 5-2　独占禁止法の摘発件数

2001年	2002年	2003年	2004年	2005年
928	805	405	472	492
2006年	2007年	2008年	2009年	2010年
73	193	49	84	109

出所：公正取引委員会（2011）より作製。

公正取引委員会の調査（2009年）によると，独占禁止法等に関するヘルプライン等を設置している企業は96.3％にのぼっている。しかしながら，72.7％の企業が「ヘルプラインが利用されていないか，実績があがっていない」と答えており，また経営トップの役割として，法令違反が発見された場合トップ自ら判断を下していると答えた企業は35.8％にとどまっている。コンプライアンスやCSRを経営プロセスに組み込み，実際に機能させていくことは容易な作業ではない。これらの急速な制度化は，どの程度企業犯罪・不祥事の抑制に影響を与えているだろうか。以下では，こういった制度が企業内でうまく機能しているのか否か，またいかに変化を引き起こしているのかについて考察していく。

3. CSRと経営プロセス

CSRという概念については，様々な視点から議論がなされてきている。例えば，社会的パフォーマンス（Carroll, 1979），社会契約（Donaldson and Dunfee, 1994），ステイクホルダー経営（Freeman, 1984），持続可能性（Elkington, 1997），企業市民（Waddock, 2000）などが挙げられる。CSRとは，経営プロセス全般にわたって社会や環境への配慮を自発的に組み込み，ステイクホルダーとの良好な関係を発展させていくことである，と理解することができる。

またCSRは組織横断的な経営課題であり、様々な事業活動にかかわる。例えば、企業の評判（Fombrun, 1996）、人事（Aguilera et al., 2007）、コミュニケーション（Morsing and Beckmann, 2006）、情報開示（Caby and Chousa, 2006）、企業戦略（Porter and Kramer, 2006）、社会貢献活動（Porter and Kramer, 2002）など、個別テーマ毎にも議論されている。同時に、CSRは経営プロセス全体に影響を与えるため、包括的かつ戦略的アプローチで取り組む必要のある課題である。戦略的CSR経営は、全社的な方針のもと、あらゆる事業活動のプロセスにCSRを組み込み、ビジネスモデルを変え（Mirvis and Googins, 2006）、定期的にモニタリングを行っていかねばならない。したがって、CSR経営とは単に関連する制度を設置することにとどまらない。重要なことは、それらを組織内に組み込み、社会的に責任あるビジネスを実施していくために、適切な権限を与え、全体として統治していくことである。CSRを経営プロセスの中核に、そしてコーポレート・ガバナンスに組み込んでいくことが求められる。

　これまでCSRとコーポレート・ガバナンスは、別々のテーマとして議論されてきたが、実際には関連性が強く相互に依存している（Heath and Norman, 2004; Beltratti, 2005; Bhimani and Soonawalla, 2005; Ho, 2005; Elkington, 2006; Jamali et al., 2008）。例えばJamali et al. (2008) は、CSRとコーポレート・ガバナンスは相互に関連し、重なりあう概念であると主張している。CSRは堅固なコーポレート・ガバナンスという内部基盤をもつことで組織に根づき、コーポレート・ガバナンスは持続可能なCSRへの取り組みによって効果的になる、と言える。つまり、企業が利益を上げ、株主価値を生み出すためには、ステイクホルダーのニーズに応えることが必要不可欠であるからである。

　ところで、これまでのコーポレート・ガバナンスの議論では、株主保護のための枠組み設計とそのメカニズムの有効性が強調されてきた（Daily et al., 2003）。ガバナンス研究で最も重視されてきたのは、経営者の自己利益の抑制と株主利益の保護に関するものである。これは狭義のコーポレート・ガバナンスの概念と言うことができる。しかし重要なことは、経営者の行動をコントロールするメカニズムをつくり出すことであり（Tricker, 1994）、取締役会の適切

な仕組みや会社をリードするビジョン，経営計画，戦略をつくっていくことである (Cadbury, 2000; Page, 2005)。そのような取り組みは，あらゆるステイクホルダーに対するアカウンタビリティを向上させるために重要であり，それによって株主の権利同様，その他のステイクホルダーの権利も保護されることになる (Keasy and Wright, 1997)。Blair and Stout (2001) は，経営者は株式会社に参加する様々なグループの利害衝突を調整する仲裁役として機能すると指摘する。Aguilera et al. (2007) は，CSR は企業内および企業とコミュニティとの間にポジティブな社会関係を生み出し，企業の信頼性を高め，ステイクホルダーとの関係を強化することができると言う。このように，コーポレート・ガバナンスを経営者と株主の関係という狭い概念として捉えるのではなく，企業業績と多様なステイクホルダーに対するアカウンタビリティを向上させるために必要な一連の概念として広く捉える必要がある (谷本, 2002)。企業は，経済的，環境的，社会的課題に関するステイクホルダーからの期待に応えることができなければ，株主に対する価値を高めることはできないのである。

いったん企業の評判に傷がつけば，株価は急落し，失われた株主の信頼を取り戻すのは容易ではない。先にも見たように，企業不祥事に関与した日本企業 50 社の株価の実績を見てみると，不祥事の報道後最初の 5 日間で，株価が平均 11% 下落している。そのうち 4 社はより深刻な状況で，35% 以上株価が下落している (朝日新聞, 2008 年 2 月 3 日)。

企業が実際に CSR をどのように経営プロセスやコーポレート・ガバナンスのシステムに組み込んでいるのかという研究は，現状あまり理解が進んでいないと言える。そこで以下では，企業が実際にどのように CSR 担当部署を設置し，CSR 経営を行っているのか，もしくはそれらがうまくいっていないのかを解明していくことにする。企業がどのように組織内でリーダーシップを形成し，CSR 担当部署に権限を与え，経営プロセス全体を統治しようとしているのか，といった点を考えていくことにする。

4. インタビュー調査

　日本の主要上場企業 12 社（金融・保険，電気・ガス・水道，建設，電気機械，情報通信，輸送用機械，卸売）の CSR 部署の担当責任者に，対面でのインタビューを行った。調査対象となった企業は，比較的早い時期から CSR の制度化を進めている。そこから本章では6つの事例，A 社～F 社を取り上げる。インタビューは，2008 年から 2010 年の間に行われた。誤解を避けるために，あわせて公表データ並びに公表されていない議事録や内部データも参照させてもらい，それぞれのデータを活用してトライアンギュレーションを行った（Stake, 2000）。各社へのインタビューは，1 回当たり 1～2 時間程度，2～3 回にわたって行われた。構造化された質問票に厳密に従うのではなく，基本的は質問項目を踏まえた上で自由に話してもらった。またインタビューは録音せず，手書きのメモをとった。このようなインタビュー形式では，他の方法ほど高いレベルの客観性を維持することは難しいのであるが，日常業務の中で担当者が経験している懸念や疑問を聞きとることができ，細心の注意を払って書き留めた。インタビューは首尾よく進み，担当者から率直な話を聞き取ることができた。企業名や個人名は匿名にしている。こういった守秘は，インタビューを進めていく上で重要であった。

　インタビューにおける主なリサーチ・クエスチョンは，次の通りである。(1) CSR はどのように実施されているのか，(2) CSR はどのように経営のシステムに組み込まれているのか，(3) CSR の計画はどのように策定されているのか，(4) ステイクホルダーへのアカウンタビリティはどのように果たされているのか，(5) 担当者は CSR 経営の実施や関連部署との調整においてどのような難しさを抱えているのか。

5. 調査結果

　近年 CSR への関心が急速に高まる中で，日本企業は CSR 経営の制度化に取り組んできたが，実際に CSR が経営に組み込まれ機能しているとは言えない状況があり，課題に直面している企業は多い．本節では，その点をインタビュー調査に基づいて明らかにしていこう．

5.1. 不祥事と制度の見直し

◆ **CSR ブームの以前から関連部署が立ち上がっていたにもかかわらず，CSR が経営プロセスに組み込まれておらず，不祥事を防ぐことができなかった事例**

　不祥事を契機に企業システムを見直し再構築したことで，CSR の制度を機能させることができたケースがある．ここで取り上げる A 社と B 社は，その典型例である．A 社は，1990 年代初めに環境問題に対応する部署を設置．1990 年代終わりにコンプライアンス委員会を立ち上げ，2000 年代初頭には社会貢献活動も担当するようになった．同部署は，2000 年に独立部署に発展し，法務部署と連携することになった．同社は全国各地に CSR 推進担当を設けるなど，CSR への先進的な取り組みで知られていた．

　しかし 2005 年から 2006 年にかけて，コンプライアンス上の問題を引き起こし，市場社会から厳しい批判を受けることとなった．同社は，不祥事が発生する前からコンプライアンス・システムや CSR 方針の整備を行ってきたのだが，それらは不祥事を食い止めるには十分ではなかったことが明らかになった．

　筆者：「御社では比較的早い時期からコンプライアンスや CSR に取り組んできたにもかかわらず，なぜそれらの制度がうまく機能しなかったと思います

か。」

CSR 担当者：「コンプライアンス意識を十分に浸透させるには時間がかかるので，継続的な従業員研修の実施に重点を置いてきました。しかし，業務プロセスをチェックし，内部監査を厳格に遂行するシステムが十分ではなかった。チーム一丸となって売上目標を達成するという企業文化があり，コンプライアンス意識を希薄化させていたという側面を否定することはできなかったと思います。」

さらに，CSR 担当者に「もし株主総会において CSR 部署は不祥事防止のために何をしていたのか，と尋ねられたらどう答えますか」と質問したところ，

「正直なところ弁解の余地はありません。CSR が組織に十分浸透しておらず，実際に機能していなかったと言わざるを得ません。」

同社は不祥事後に経営システムを再点検し，研修や人事考課制度の見直しを図った。また，評価システムについても，目標達成を重視した年次業績ベースの評価から，コンプライアンスや CSR などの課題への取り組みも評価対象に含める新方式へと改めた。同時に，社長が全国の事業所に出向いて，直接従業員に今後の再建計画を説明して回った。また，どうすれば顧客からの信頼を取り戻せるのかじっくりと考えるために，従業員との対話を進めていった。「一人ひとりが関連する課題への意識を高め，いっしょに取り組みを進めていく必要がある」と CSR 担当者は付け加えている。コーポレート・ガバナンスやリスク管理，コンプライアンスにおける基本的な課題を見直し，実効性のあるものにしていくよう改善を図ったことで，組織の構造を強化し，経営の質を向上させることができた。こうした一つひとつの取り組みによって，コンプライアンスや CSR を経営システムに組み込んでいけるようになったと言える。同担当者は，「今回の経験がきっかけとなって，効果が見えるような形で会社の再

活性化を図ることができた」と述べている。

　次に，長い伝統を誇る B 社は，時代の要請や他社の動向に応えて，2000 年代初めにコンプライアンス規定を作成していた。しかしそれは抑止力とはならず，その翌年に不祥事を起こしている。事件後その対策として，コンプライアンス部署を新設したり，CSR 報告書を作成・発行している。だが，その翌年別の不祥事を起こし，市場社会から厳しい批判を受けることになった。それに対応するため，同社は会社のあり方自体を見直し，全社的な改革に着手した。経営理念を見直し，CSR の新しい方針を定め，CSR 推進部署を設置することになった。
　筆者の「なぜ続けて不祥事が起きてしまったのでしょうか」という質問に対して，CSR 担当者は次のように答えている。

「コンプライアンス規定はつくられていましたが，正直なところ形式的で会社の日々の業務に根づいていたとは言えませんでした。当時，多くの社員がほとんど理解していなかったという事実を考えれば，コンプライアンス規定は組織に定着していなかったと言わざるを得ません。」

　しかしながら，同社は不祥事を教訓にそれ以降，トップの強いリーダーシップのもとで，CSR をグループ全体に組み込むためにはどのような努力をすべきなのか自ら問いかけ，コンプライアンス関連の制度の強化のみならず，組織文化の見直しにも取り組んでいった。CSR 担当者は，「自分たち一人ひとりが創業時に立ち戻り，いかに仕事をすべきか，いかに社会に貢献すべきなのかという，自分たちにとって中心となる方針を再確認しようとした」と述べている。見直された CSR について同担当者は次のように話している。

「中には，正確に理解していなかったり，CSR をコアビジネスから切り離された社会貢献活動と誤解している社員もまだいました。これを変えるため

に，私たちは研修を通してCSRに対する意識を高める機会をできるだけ提供しようとしました。」

「現在CSRをどのように理解しているのですか」との質問に対し担当者は，

「CSRは一種の流行語かもしれませんが，しかし，それは大きな潮流であり，もはや無視できないものだと思います。私たちは今ではCSRを特別な課題ではなく，ステイクホルダーに配慮し，ステイクホルダーの価値を高める活動であると捉えています。」

B社はさらに自社の評価システムを見直した。日々の業務実績だけでなく，CSRへの取り組みを評価できるような人事考課制度へ，つまり単なる定量的基準ではなく，定性的基準を取り入れた絶対評価システムへ変更した。それは，従業員一人ひとりに自らの仕事において社会的な責務を果たすことを求め，同時に従業員の取り組みを評価できる制度の再構築を進めるという変化であった。

以上2つの事例は，企業で現在進行している変化のプロセスの一端を示している。不祥事を契機に，企業はCSRが組織に十分定着していなかったことを認識せざるをえなくなり，早い段階で設けたCSR制度を見直し，社会的に責任ある企業へと生まれ変わるために，CSRを経営プロセスに組み込もうと努力することとなった。B社のCSR担当者は次のように述べている。

「私たちは不祥事に対応してCSRに取り組み直すことになったわけですが，それがかえってやりやすかったとも言えます。と言うのも，社内には危機感が広がっていたので，私たちの取り組みも進めやすかった。次の課題は，いかにこれらの施策を持続させ，平時においてもしっかりと定着させられるか，にあると思います。」

5.2. 社内調整

◆ CSRブームでCSR担当部署を導入したものの，当初十分な権限が与えられず，社内で実質的な力も明確な役割も持ち得なかった事例

　新しくCSR部署を設置する時には，環境や法務，人事，顧客サービスなどを取り扱うすでにある関連部門と，必ず基本的な役割や権限，予算等を明確にし，新設部署が関係各部署と効果的に連携できるようにしておく必要がある。もしそれを怠ると，関係する部署との役割や権限の重複などから摩擦を起こし，新設部署が組織内で業務を遂行していく際に困難をきたすことになる。

　C社の事例を見てみよう。同社は，権限と役割に関して事前に新設のCSR部署と既存の関連部署との間の線引きを明確に行っていなかった。その結果，CSR部署は，業務について当初社内で他部署と重ならない領域を探す必要にみまわれた。同社は2000年代初めにCSR室を設け，従来の環境報告書に社会的課題に関する情報を加えたCSR報告書の作成・発行を始めた。その際，「CSR部署は何をすべきか」，「報告書を何のために，誰のためにつくるのか」，「どのように会社の伝統的な経営理念とCSRという新しい考え方のバランスをとるのか」（CSR担当者），といった根本的な問題に直面した。担当者らは的確な答えを持ち合わせておらず，困難な状況に陥ってしまった。CSR室が設置された時，担当者らは，コンプライアンス，環境，お客様担当などの関連部署とCSR室との間で役割と権限の分担をめぐる問題に直面した。当時の担当者は「はじめから社内で"ニッチの領域"を探らざるをえなかった」と振り返る。CSRの多様なテーマにかかわる領域について，「既存の部署がすでに役割と権限を担っていたから」と担当者は説明する。「社内でCSR室をいかに位置づけるか，そのためには何をすべきなのか議論を重ねた」。

　CSR経営は，製造，マーケティング，環境，人事，コンプライアンス，リスク管理，顧客管理など，企業活動のあらゆる側面でこれまでのやり方を見直していくことになる。CSRを効果的に機能させようとするならば，CSRは全

社横断的に実施されるべきものであり，社内すべての関連部署との適切な調整が不可欠である。しかしながら，導入段階でトップが漠然とした方向性しか示さず，関連部署との権限・責任の調整を大まかにでも行っていないならば，多くの場合，CSR 室（部）は結果として社内で衝突や混乱を経験することになる。他部署からの協力も得られることはなく，CSR 担当者のレベルで全社的な CSR を規定し，調整・推進していくのは困難な話である。

　ここまで，CSR 担当部署を設置したからといって自動的に CSR が組織に組み込まれ，機能するわけではないことを見てきた。次に，CSR 部署の位置づけは認知されていても，初めから社内で CSR が理解されているわけではなく，どのように受容されていくかを見ていく必要がある。そこで，当初社内でCSR に関する理解が共有されていたわけではなかったが，関連部署の社員が CSR 報告書の作成を通じて CSR 経営の重要性に対する意識を高めていった，D 社の事例を見ておこう。同社の CSR 室は，CSR 報告書の作成プロセスの一環として，初めの段階から関連する部署の社員に，それぞれの取り組みについて書いてもらうことにした。各担当部署は，このプロセスにかかわることによって，自らの業務内容を見直すことができ，社内外のコミュニケーションの重要性を認識するよい機会となった（D 社は広報部の中に CSR 室を置いている）。ある部署の担当者は，「報告書をつくるプロセスで，これは内部のコミュニケーションに有意義なツールだと実感した」，また「CSR 委員会への参加を通して，CSR が会社にとって重要であることがわかった」と述べている。実際に社員の間で CSR への理解や意識が変化している。CSR 担当者は，「このプロセスを経て報告書を作成したことで，社内の意識や取り組みを発展させ，より情報の開示を進めることができた」と話している。

　CSR 担当の社員はさらに，外部のセミナーに定期的に参加したり，他社の情報開示の方針について学ぶことで，刺激を得ている。同担当者は，「他社と比較することで私たちの取り組みへの理解が深まり，また他社が顧客の要望に応えてどのようにサービスの改善に取り組んでいるのかを見て，自分たちもも

っと情報開示に積極的にならなければならないと感じた」と述べている。先にも述べたように，CSR 報告書を発行し，社内外のコミュニケーションを図ることで，企業がどの目標が達成できていないかをより一層意識し，CSR に取り組む努力を促すことに役立っている。この経験は D 社にとって，CSR の関連課題毎に PDCA サイクルを点検するよい機会となった，と言える。

5.3. 中期経営計画への組み込み

◆ **CSR を中期経営計画で謳っているものの，形式的で実際の経営プロセスには組み込まれていない事例**

CSR ブーム以降，多くの日本企業が急速に CSR の制度化を進めてきたが，CSR を経営プロセスに組み込むことができている企業はまだ多くはない。例えば E 社は，2000 年代半ばに CSR 担当部署，CSR 推進委員会を設置し，さらに新しい CSR 行動規範を設けた。その上で，同年にスタートした新中期経営計画において CSR は重要課題であると位置づけている。しかしながら，そこには CSR の取り組みをどのように実現させるのか，具体的な戦略もしくは方策が記されているわけではなかった。各部門レベルにおいても，CSR の内容は組み込まれていなかった。一方で，ステイクホルダーに対して責任ある企業になることを目指し，次のようなミッション・ステートメントを示していた。(1) 社会の繁栄の実現に貢献すること，(2) 会社が持続可能に発展すること，(3) 従業員の幸せを確かなものにすること。

E 社は，CSR をミッション・ステートメントの基礎と位置づけていたものの，中期経営計画で重視している事業の成長，予算の見直しなどの実践的な経営目標と，理念的な CSR 目標をどのように関連づけ，CSR の具体的な実施方策を整備していくかといった明確な方針は定めていなかった。CSR への基本姿勢を示すことは重要であるが，それだけでは一般的な理念や概念的なイメージを提供しただけで，現場では具体的に取り組めない。CSR 担当者は，「非常に厳しい経営環境の中で私たちの CSR への取り組みは始まったばかりです。

CSR 経営の制度を立ち上げたところで,うまく機能させるのはまだこれからと考えています」と述べている。

　他方,CSR を中期経営計画に組み込む努力を行い,各部署のアクション・プランの策定,実施に取り組み始めた企業もある。例えば F 社は,コーポレート・コミュニケーションの部署の中に CSR 室を設け,推進体制を構築したにとどまらず,グループ企業を対象とする CSR 中期計画（3 年）を中期経営計画と併せて策定した。さらに 2000 年代半ばには,本社各部署と全グループ企業を対象に環境と安全に関する方針を策定した。そこでの基本的な考え方は,安定した収入基盤と社会的に責任ある経営の追求を経営の両輪と位置づけ,それらのバランスを図っていくことにある,と述べている。F 社は,「CSR に対する意識の向上とステイクホルダーに支持される企業になる」という目標を掲げている。他社と比べて特筆すべきは,環境,安全,人権・人事の領域毎に中期経営計画を作成することを決めた点である。これまで丁寧に取り組んできた環境中期計画の経験をもとに,CSR 中期計画の策定と展開に関する 3 ヵ年計画を完成させた。3 つの領域毎にビジョンを設定し,具体的なテーマと目標を定めた。この点,CSR 担当者は次のように説明している。

　「できる限り領域毎に数値目標を設定し,各部署において社員の自発的参加をベースとした CSR 経営を行うことを重視しています。ただ,CSR 中期計画の第一段階では,関連制度の整備と社内での CSR への意識の向上に重点的に取り組んできたため,この段階では各部署で PDCA サイクルを設定して,回していくところまでは進みませんでした。」

　その後 F 社は,第二次 CSR 中期計画において,環境,安全,人権・人事といった分野毎に各目標に応じた委員会を設けている。もっとも,CEO が述べている「株主価値の向上」に,これら CSR の取り組みがどのように結びついていくのかを説明する明確な道筋が示されているわけではない。これは同社の今後の課題であろう。CSR 担当者は,次のように述べている。

「これまでのところ，中期経営計画と CSR 中期計画は別々にあったが，次の 3 年の CSR 中期計画については，中期経営計画全体の中に位置づけ，各部署が連携して目標達成に向け着実な努力を行う必要があると思っています。」

6. 考　察

　以上，日本企業の CSR 経営の現状を見てきた。2000 年代半ばから急速に CSR 経営の制度化が進んできたものの，CSR を通常の経営プロセスやガバナンス・システムに組み込んでいくことは容易なことではなく，各社試行錯誤を重ねてきたことが明らかになった。本節では 3 つのポイントに基づいて調査結果をまとめ，そこから命題を導き出していくことにする。

　(1) CSR ブーム以前から CSR 関連の制度を設けていた会社もあるが，中には CSR の取り組みを狭く捉えていたり，また日々の経営プロセスに組み込まれていないケースも見られ，それでは実際に制度は機能しない。例えば A 社と B 社は，不祥事発覚後に厳しい批判を受け，CSR 制度の基本方針や機能について，全社的に見直すことを余儀なくされた。CSR がうまく機能するためには，各部署の日々の経営プロセスにそれぞれの CSR 課題を組み込んでいくことが必要である。その上で，あらゆる部署の従業員が CSR に対する意識を高め，従業員の間でコミュニケーションを図り，CSR に関する部署毎のテーマに取り組んでいくことが重要である。また，部署毎の事業活動と業績を測る従来の評価手法を改め，A 社や B 社の例で見たように，CSR に関連した取り組みに基づいた評価基準を組み入れることで，CSR が現場に定着し機能しやすくなるだろう。不祥事を起こした企業にとっては，その後の厳しい批判が自社の CSR に対する理解と組織文化を改める機会となった。しかし今後平時においても，従業員が CSR に対する理解を深め，社会的に責任ある経営を根づかせていくことができるかどうかが，次の重要な課題になる。

【命題1】 CSRの制度を設ければ，CSRが自動的に機能するわけではない。トップのリーダーシップによってCSRを各部署の経営プロセス，日々の管理手続きの中に組み込んでいくことが重要である。

(2) CSRブームの影響を受けて2000年代半ば以降，多くの企業がCSR担当部署を新設した。C社ではCSR部署が設置されたものの，当初基本的な役割や権限が明確ではなかったために，関連組織の中でうまく機能しなかった。戦略的必要性に基づいてCSRの制度を策定したと言うより，CSRブームの中，業界に見られるCSR経営のベストプラクティスを参考に導入した企業は少なくない。これは組織の制度的同型化と言えるが（Meyer and Rowan, 1977; DiMaggio and Powell, 1983），多くの場合，CSRが必ずしも経営プロセスにまで組み込まれているとは言えない。とくにCSR経営の方向性や方策が明確でない状況では，少しでも評価を得たモデルや，他社が取り入れているモデルを模倣する傾向が高いと言える。

　CSR部署を設置しても，それが社内でどのように機能しているかを判断することは，容易なことではない。C社のように，導入段階で関連部署との基本的な調整を行わなければ，社内での業務連携がうまく進まない。CSR部署が社内で正統に役割や権限を与えられないと，他の部署との調整はうまくいかないだろう。対立を防ぎ，CSR部署の導入を成功させるためには，トップマネジメントのリーダーシップと事前の調整が非常に重要である。CSR部署に求められることは，関連する部署と常にコミュニケーションをとり，正確にCSRを位置づけ，各部署で社員がその重要性を理解できるよう働きかけていくことである。D社の社員は，CSR報告書の作成を通じて社内外でCSRの重要性を理解するようになった。（経済同友会の2010年の調査によると，トップが率先してCSRの浸透を図っている企業（66%）では，「経営理念の浸透や価値観の共有が十分」であるという企業は29%であったが，トップが率先してCSRの浸透を図っていない，担当に任せている企業（28%）では，約半分の15%にとどまっている。）

【命題2】CSR 経営を機能させるためには，CSR 担当部署に実質的な役割と権限が与えられ，社内で承認されることが必要である。CSR 部署は，関連部署とのコミュニケーションを通じて社内での位置づけを明確にし，CSR への理解を共有していくことが重要である。

(3) E 社は中期経営計画に CSR という言葉を盛り込んだが，具体的に現場にどう落とし込んでいくかという計画がなく，CSR を経営プロセスに組み込むための実質的な取り組みも明確ではなかった。CSR のメッセージが中期経営計画の 1 ページ目に示されたり，CSR 報告書の巻頭に CSR を最重要課題とするトップのメッセージが掲載されたりしても，それだけでは CSR 経営は動いていかない。F 社の事例で見られたように，中期経営計画の中で各部署に対して具体的な戦略とアクションプランを示し，定期的に経営会議で進捗状況と問題点をチェックしていく必要がある。CSR は各部署の日常業務において PDCA サイクルを回すシステムがなければ，機能しない。各部署の実務プロセスに CSR 計画を統合していくのは容易な作業ではない。

日本企業の CSR 計画がどのように中期経営計画に組み込まれているのかを示す調査結果を見てみよう。調査は 2009 年 1 月に NPO のパブリックリソースセンターによって行われ，中期経営計画と CSR の関係に関して次のような結果が示された。上場企業 329 社から有効回答を得た中で，50.6％が「中期経営計画に CSR が盛り込まれている」，12.7％が「CSR 中期計画は中期経営計画と連動している」，7％が「中期経営計画と CSR 中期計画は連動していない」，25.5％が「CSR 中期計画を策定していない」，4.2％が「中期経営計画を策定していない」となっている。中期経営計画に CSR を盛り込んでいる企業は半数以上であった一方で，CSR 中期計画が中期経営計画と連動している企業は全体の 8 分の 1 であった。また，部署毎に具体的なアクションプランをつくって中期経営計画と連動させていた企業はまだ少ない。業界毎に見てみると，製造業の 44.9％が「中期経営計画に CSR を盛り込んでいる」と答えているが，「CSR 中期計画と中期経営計画は連動している」と答えたのは 14.4％である。

金融業では，それぞれ 71.4%，6% であった。業界によって取り組みに差があることも指摘される。

　さらに，CSR の戦略的取り組みが，それぞれの企業の直面している課題にどのようにかかわり，企業価値の向上につながっているのかを示すことが重要となってくる。全体としてストレートに結びつけることは難しいとしても，その基本的方向性や，テーマ毎にパフォーマンスを KPI などの指標によって示すことも求められるようになっている。それがなければ，近年広がりつつある統合報告書（財務報告書と CSR 報告書を一体化させる）を作成することはできない。

【命題3】CSR 中期計画を立てる際には，それを中期経営計画と連動させ，さらに各部署それぞれのアクションプランに組み込み，PDCA サイクルを回していくことが重要である。

7. 結　　論

　日本では，2000 年代半ば以降，CSR の行動規範や担当部署を整備したり，CSR 報告書を発行する企業が急増している。しかしこういった CSR の制度が，組織内でうまく機能していないケースも見られる。多くの企業にとって，CSR を経営プロセスに組み込み機能させ，さらに時代の要請の中で新しい価値を生み出していくことは，容易なことではない。本章では，企業がこのような状況下で直面している問題や，それにどのように取り組んでいるのかについて考察した。そこで明らかになったことは，CSR への意識を現場で活性化させるために重要な点は，まずトップがイニシアチブをもって CSR の浸透を図り，新設された CSR 部署に適切な役割と権限を与えることである。そういった体制の上で，CSR を日々の経営プロセスやガバナンス・システムに組み込み，そ

の成果を評価していくことが重要である。そういったシステムを整備していくことなしに，CSR は機能しない。

　企業が CSR でよい成果を挙げることに対する市場やステイクホルダーの期待が，企業のモチベーションに影響を与える。Tanimoto and Suzuki（2005）や第 3 章で見たように，海外売上高と外国人持ち株比率の高い企業は，CSR への取り組みも積極的である。一方，国内市場に重点を置いている多くの日本企業は，歴史的に見ても企業経営に関してステイクホルダーから強くアカウンタビリティを求められる経験をしてこなかった。海外市場で専らビジネスを行う業界・企業と，国内市場で専らビジネスを行う業界・企業では，CSR に対する取り組み度合いに大きな違いが見られる。前者は海外の機関投資家や SRI 評価機関からのグローバルな調査や，NGO からの厳しい批判や監視にさらされてきたが，後者は CSR 課題に取り組まざるをえない差し迫ったニーズがあったわけではない。また多くの企業は，他の企業のベストプラクティスを参考に CSR の制度を導入しているため，類似したパターンが見られることが指摘される。そこでは形式的な制度化が見られ，CSR が経営プロセスにまで組み込まれていない企業も少なくない。

　CSR という発想が定着していくにつれ，先進的なプログラムや制度をイノベーティブに構築している企業は，市場での評価を高めている。それは，これまで海外市場の活動が比較的少なかった企業にもあてはまる。以前は CSR に対して限定的な関心しかもたなかった企業も，今ではこの動きを無視できないものと認識しており，CSR の制度を新設したり，既存の制度を組み替えるなど，一つずつ取り組みを始めている。

　KPMG（2008）は，「金融危機以降，企業は戦略とリスク管理を強化するために，CSR とコーポレート・ガバナンスという 2 つの概念を統合しようと試みている」と指摘している。コンプライアンスや CSR に取り組み，経営プロセスやガバナンス・システムに落とし込んでいくに当たって試行錯誤している企業は多い。CSR 経営計画と戦略を中期経営計画に連動させ，そのパフォーマンスをトップマネジメントによる経営会議などの場で定期的にチェックし，

そしてそれを開示していくことが求められている。さらに，現場で直面する様々な CSR 課題に対し，それぞれの企業にとって重要な課題を認識し，イノベーティブに取り組んでいく創発的な戦略が求められる。その点については，次章で考えていこう。

(1) SustainAbility 社と Globescan 社が 2009 年初めに行った世界の専門家（経営者，政府，NGO，研究者等）へのアンケートによると（Sustainability Survey 2009），金融危機直後の時点では，金融危機が持続可能な発展へのチャンスになるかという質問に，そうだと答えたのは 40％，そうとは言えないと答えたのは 48％と拮抗していた。しかし 2010 年 UN Global Compact が行った CEO へのアンケートによると（A New Era of Sustainability），サステナビリティがビジネスの将来の成功にとって重要だと答えたのは 93％にのぼっている。
(2) 経団連の同アンケートにおいて，CSR 活動の意味を聞いたところ，持続可能な社会づくりへの貢献では 82％，企業価値の創造 76％，企業活動へのステイクホルダーの期待の反映 68％となっていた。

第6章 CSRと責任ある競争力

本章では，責任ある競争力への取り組みについて検討していく。責任ある競争力とは，企業がCSRを組織の競争力の中核に組み込んでいくプロセスと捉える。本章では，企業がCSRをどのように経営戦略および実践に組み込んでいるのか，そしてビジネスプロセスにどのようなインパクトを及ぼし，企業の競争力につなげているのか，といった点に焦点を当てる。CSR制度を設置するだけでCSR経営が機能し，競争力が高まるわけではない。それぞれの企業に求められるCSR課題を発見し，それに対応していく創発的な戦略が求められる。本章では，4つの事例を取り上げ，インタビュー・データ並びに二次データから，それぞれの取り組みについて検討していく。結論として，CSRと競争力には明確な関係性が見られる一方で，それは企業によって異なる。さらに，それは測定されるというより，認識されるものであると言える。責任ある競争力のモデルは，一つの企業でうまくいった方法をそのまま他の企業に適用することは難しく，それぞれ異なるアプローチが必要であることが指摘される。

1. 問題提起

　UN Global Compact や World Economic Forum，さらに EC など多くの国際機関は，「競争力」と「持続可能性」は今日の最も重要な課題であると提言している。この 2 つがどのように関係しあっているかを明らかにしていくことが，重要な課題となっている。企業にとっては，CSR 戦略を企業の競争力に結びつけ（WBCSD, 1999），責任ある競争戦略（Zadeck, 2006）を立案することが求められている。CSR と競争力の関係を探る研究も増えつつある（Mackey, Mackey and Barney, 2007; 谷本，2013 など）。

　マイケル・ポーターが，社会貢献活動と競争優位に注目したのは 10 年ほど前のことである（Porter and Kramer, 2002）。今では彼は，CSR を戦略的ビジネスプロセスに統合させることを最も熱心に提唱している論者の 1 人となっているが（Porter and Kramer, 2006, 2011），これまでポーターの戦略論の中には，社会との関係を捉える視点はなかった。この驚くべき立場の変化は，遅ればせながらも時代の潮流を受け止め，企業は CSR に対応せざるをえないという段階から，さらに競争力を高めるにはいかに CSR を組み入れるべきかという段階へと議論が移ってきていることを示している（Van de Ven and Jeurissen, 2005; 谷本，2013）。今や，様々なメディアにおいて，CSR 戦略に焦点を当てた企業広告を見ない日はない。近年世界で最もイノベーティブな企業ランキング（Business Week）を見ても，トップ 50 社に入る企業のほとんどが包括的な CSR 方針を設けているだけでなく，CSR のリーディングカンパニーとみなされている。例えば，マイクロソフト，IBM，トヨタ，GE，ソニー，P&G など。世界のトップ小売業者のランキング[1]や，Fortune 500 などでも同じようなことが見られる。

　責任ある競争力とは，企業がいかに CSR をビジネスプロセスの中核に組み

込んでいくかということであるが (McWilliams and Siegel, 2001; 谷本, 2002; Smith, 2003), それに関連して次のような問いを考える必要がある。CSR戦略を採用していく際の原動力は何か, 何がモチベーションあるいは障害となるのか。どのように戦略的なビジネスプロセスに組み込んでいくのか。さらに企業の競争力のみならず, 社会の持続可能な発展にどのようなインパクトをもたらすのか。

CSRと企業の競争力の関係は, 一般に2つの方法で研究が行われている。(1)アンケート調査 (Lowell, 2007など) と, (2) CSRと財務的パフォーマンスの相関性を探ろうとする実証研究 (Chand and Fraser, 2006; Mackey, Mackey and Barney, 2007など) である。しかしながらこれら2つのアプローチだけでは, CSRは競争力とどのようにつながり, 取り組まれているのか明確に捉えることはできない (Carroll, 1999; Donaldson and Preston, 1995; Harrison and Freeman, 1999; Lozano, 2002; Pruzan, 2001)。具体的な事例を丁寧に見ていくことを通して, その関係性を検討していくことも重要である。

本章の基本的な問いは,「戦略的CSRを実施することで企業の競争力にどのようなインパクトがもたらされるのか」である。この問いを考えるために, まず次節では, 関係する先行研究をレビューし, そこから企業はいかに責任ある競争力戦略に取り組むべきか, 4つのRQ (Research Question) を示す。第3節では, リサーチ・デザイン, 方法を示し, 第4節において, 4つの事例研究を行う。その後, 調査結果について考察し, 結論と課題を示す。

2. リサーチ・クエスチョン

競争力は経営の中心的課題であり, これまで生産性や財務的パフォーマンスの観点から測定されてきた (Porter, 1985)。しかしながら, 今や次のようなコンセンサスができつつある。企業の競争力は, 企業の評判, 主要なステイクホ

ルダーとの関係，戦略的資産，イノベーション力（Kay, 1993）などの無形資産を通じて，経済価値，希少性，模倣困難性，組織を生み出すキャパシティ（Barney, 1991）として定義される。言い換えるならば，企業の競争力は，競争優位をもたらす中核となる有形・無形の資源を管理するキャパシティによって決まる（Hamel and Prahalad, 1989）。競争力とは，柔軟性，適応能力，品質，マーケティング（Barney, 1991）など，ダイナミックな企業の能力を説明するものであり，生産性のみならず，競合他社よりも優れた商品のデザイン，マーケティング能力といった価格以外の品質も考慮されなければならない（D'Cruz and Rugman, 1992）。そこにさらにCSRの要素が社会・環境面の課題から加わってきている。

CSRとは，社会・環境上の配慮を自発的に企業活動やステイクホルダーとの関係の中に組み込むことであり，組織の様々な分野に影響を及ぼす横断的な課題である。CSRが企業のアイデンティティや評判（Humble, Jackson and Thomson, 1994; Joyner and Payne, 2002; Pruzan, 2001; Sison, 2000），ステイクホルダーとの関係（Freeman, 1984; Freeman and Evan, 1990），人的資源（United Nations, 2000; Sum and Ngai, 2005），コミュニケーション（Morsing and Beckmann, 2006; Global Reporting Initiative, 2013），企業戦略（Prahalad and Hammond, 2002），マーケティング（Fan, 2005）など。CSR戦略を採用することが企業の競争力に何らかの影響を与えることが指摘されている（Draper, 2006; Haigh and Jones, 2006; Porter and Kramer, 2006; Harrison and Freeman, 1999; Smith, 2003; McWilliams and Siegel, 2001）。

もっとも，消費者，投資家，CEOなどへの調査によると，単に回答者がCSRと競争力には関係があると認識しているあるいは信じているだけであり，また社会的パフォーマンスと財務的パフォーマンスの関連性については，必ずしもそれがCSRと企業の競争力との間の正の相関関係を裏づけるものとは言えない。しかしながら多くの研究には，CSRと競争力には何らかの関係があるというコンセンサスは見られる。そこで1つ目の問い，RQ（Research Question）は，

RQ 1：CSR と企業の競争力の間には，明確な関係性が見られるか？

　戦略的 CSR は，組織にとって重要な価値を生み出す CSR の政策を実施することと定義される（Zadeck, 2006）。戦略に CSR を組み込み展開することで，責任ある競争力戦略が生みだされる。その際，多くの企業は様々な関係機関と連携しながら CSR 活動に着手している。例えば，コミュニティ・リレーションズ（Business in the Community），コミュニケーション（Global Reporting Initiative：GRI），責任ある投資（Principle of Responsible Investment：PRI），人権（Social Accountability International：SAI），ステイクホルダー・エンゲージメント（AccountAbility）など。ただそういった活動は，外部から見るだけでは，戦略的 CSR なのか，形式的な取り組みなのかを区別することは容易ではない。戦略的 CSR とは，CSR を具体的な分野に適用し，一貫したメッセージをもって関連した他の分野にも範囲を広げ，最終的に企業の戦略と連動させ包括的な取り組みにしていくことである。こういった戦略的 CSR と戦略的でない CSR とは次の点で異なる。(1) 戦略的 CSR は，組織にとって特定かつ重要な価値を生み出す（McWilliams and Siegel, 2001; Porter and Van der Linde, 1995; Porter and Kramer, 2006），(2) 戦略的 CSR は，組織の戦略的資産に着目することによって価値を生み出す（Harrison and Freeman, 1999; Mackey, Mackey and Barney, 2007; Porter and Kramer, 2006），(3) 戦略的 CSR は，製品とサービスに直接的なインパクトを及ぼす（Bansal and Roth, 2000; Carlisle and Faulkner, 2005; Jorgensen and Knudsen, 2006; Prahalad and Hammond, 2002）。形式だけの CSR への取り組みでは，こういった価値を生み出すことはできない。したがって，2つ目の問いとしては，

RQ 2：企業は戦略的 CSR として戦略的資産に着目し製品とサービスを見直すことで，組織にとって新しい価値を生み出しているか？

　戦略とは，将来の行動を導く一種の手引きとして理解される（Mintzberg,

1998)。企業は競争力の中核的要因を活用できるようにしたり (Barney, 1991)，競合他社と差別化するような計画を考え出すことが重要であると考えられてきた (Grant, 2000)。したがって，戦略は方針と実践が一貫していて，互いに補強するようにつくられるべきであり，戦略とは企業自らが必要とする資源や目標を特定し，目標達成までに起こりうるあらゆる不測の事態に備えて段階的に計画を立てることと捉えられてきた (Porter, 1996)。何らかの戦略的計画を立てることが重要だと主張する論者は多いが，しかしながら，企業は意図的・計画的 (deliberate) 戦略のみならず，創発的な (emergent) 戦略をもっており，重要なのは戦略的行動よりもむしろ戦略的思考であると言える (Mintzberg, 1998)。その上で，組織の目標は，価値・競争力を生み出すことであり，実際に戦略を立案・実行する際には，(1) 企業が独創かつ重要な価値を生み出すことのできる分野を特定すること (Barney et al., 2001; Porter, 1996)，(2) 競争力を高めていく企業のキャパシティを強化するために，方針と実行すべき取り組みを立案すること (Grant, 2000)，(3) こうしたキャパシティに一貫性をもたせ，戦略的思考をもって経営戦略全体に組み込むこと (Porter, 1996)，と言うことができる。

　CSR について言えば，CSR の観点から戦略的ビジョンを策定し (Carlisle and Faulkner, 2005; McWilliams and Siegel, 2001; Pruzan, 2001; Robin and Reidenbach, 1988)，そのビジョンの達成に向けて明確な計画を立てること (Carlisle and Faulkner, 2005; McWilliams and Siegel, 2001; Pruzan, 2001; Robin and Reidenbach, 1988) と言いかえることができる。したがって，3つ目の問いとしては，

RQ 3：企業は戦略的 CSR として明確なビジョンを定め，それを達成するための計画を立てているか？

　CSR 経営は，CSR 研究において十分に手がつけられていない研究領域の1つである。経営学の領域において，70−80 年代には CSR を研究することの意

義を考えたり，研究対象の特定に関する研究が多かった（Carroll, 1999）。90 年代に入ると，CSR の実施には，品質管理や組織文化の変革，また事業再編などにおいて用いられた経営ツールやシステムを適用することが可能である，と言った議論が出てくるようになる（Kotter, 1995）。さらに CSR が広く議論されるようになってくると，CSR の目標とは規範的枠組みをつくり，CSR が機能しやすいように経営者が環境を整備し，健全な企業活動を促すようにすることと主張されるようになる（Jones and Wicks, 1999）。CSR のビジョンを明示し，企業のアイデンティティに組み込んでいくこと（McWilliams and Siegel, 2001; Porter and Kramer, 2006; Pruzan, 2001）。つまり CSR を企業のアイデンティティに組み込むことは，組織をつくりかえることを意味する。それは現在の方針やプロセスを変えるというよりむしろ，それらを新たに創るということを意味する（Goss, Pascale and Athos, 1993）。ここで中心的な課題は，既存の経営プロセスに CSR 戦略を組み込み，明確な目標と価値を創出していくことである。さらに目標を設定するだけではなく，企業が自ら掲げた目標に向かって前進しているかどうかを評価・測定する指標を定めることも重要となってくる（Harrison and Freeman, 1999; Waddock, 2000; Porter and Kramer, 2006）。そこで 4 つ目の問いは，

RQ 4：企業は CSR 経営を効果的なものにするため，明確かつ測定可能な指標を設定しているか？

3. 調査方法

以下では，CSR 戦略を実施し，成功していると見られる 4 社の事例研究を通して，「戦略的 CSR を行うことで企業の競争力にどのようなインパクトがもたらされているか」ということを考えていく。4 つの RQ，① CSR と企業の競

争力要因の間には，明確な関係性が見られるか，② 戦略的CSRとして戦略的資産に着目し製品とサービスを見直すことで，組織にとって価値を生み出しているか，③ 戦略的CSRとして明確なビジョンを定め，それを達成するための計画を立てているか，④ CSR経営を効果的なものにするため，明確かつ測定可能な指標を設定しているかについて，4つの事例から検討していく。

事例研究は，特定の事例に見られるダイナミクスを理解することに焦点を当てた研究戦略である (Eisenhardt, 1989)。事例研究の目的は，組織内の様々な行動や意味に関するプロセスや文脈の分析を行うことによって (Pettigrew, 1990)，一定の事実を示すことである (Stake, 1995)。Eisenhardt (1989) が言うように，事例研究は理論構築に貢献しうる。興味深い一つの事例の記述から，あるいはより多くの事例分析の蓄積から，幅広く問題や理論を検討していくことが可能となる。

そこで，各業界で競争力をもち，かつCSR政策がうまく実施されたケースを次の3つの基準から選んだ。(1) 過去5年間，業界の平均値以上の年間成長を遂げていること，(2) CSRを経営戦略の中心に位置づけていること，(3) 国際的に認められたCSR基準を採用していること（例えば，UNGC，GRI，SA8000などを採用している，またダウジョーンズ・サステナビリティ・インデックスに選定されていること）。

事例研究の予備調査ではそれぞれ，2つのデータソース，一次データは各企業の経営者・担当者へのインタビュー，二次データは主に公表データや各企業から収集した資料を使用した。インタビューと文献資料のトライアンギュレーションを行い，異なる視点による複数のデータを用いることで解釈に誤りが生じる可能性を低くするように心がけた (Stake, 2000)。

2008年4月から2009年9月にかけて，4社15人に対し，すべて対面でインタビューを行った。対象は，CSR担当役員のみならず，CEOや営業・マーケティング・人事などの担当役員も含まれている。CSR経営にかかわる関係者のものの見方を，異なるレベル・角度から見るためである。複雑な問題をより正確に理解するために，インタビューは次のように3段階で行った。まず，ア

プリシエイティブ・インクワイアリーを行い，インタビュイーに所属組織や自身の仕事について話してもらった。次に，経営戦略と CSR 政策について話してもらうに当たって，まず組織の強みと弱み，また組織に CSR が及ぼすインパクトについて，より規範的な観点から語ってもらうような質問を行った。そして CSR 経営の経験から，成功例や失敗例，緊張関係（その対処法も含めて）話してもらうよう依頼した。インタビューの深さ，ニュアンスが同程度になるように心がけた。できるだけ自由に話してもらうために，インタビュイーの名前は匿名としている。インタビューは録音せず，手書きのメモをとる形で進めた。これは他の方法と比べ高い客観性を維持することは難しくなるが，できるだけ多くの資料，各社 CSR 活動に関する文書や，戦略，ミッション，手続きなど経営活動にかかわる文書を集めて検討し，それを補うようにした。財務的データや組織図，社史といった基礎的情報も補足した。

4. 4つの事例研究

4.1. イオン

　イオンは，169 社によって構成されている小売業グループで，そのうち 140 社は連結子会社，残りの 29 社は持分法適用子会社である（データは調査時，2008 年）。イオンの約 13,000 店舗のうち 90％以上が日本国内にあるが，日本以外のアジア各国（とくに中国）にも店舗をもち，積極的に拡大している。2008 年には，営業収益が約 5 兆円を超え，世界の小売業収入ランキングで 21 位に入っている。イオンの主な事業は，ショッピングモールの開発と運営であるが，併せて総合小売店，スーパーマーケット，ドラッグストア，ホームセンター，コンビニエンスストア，専門店，金融サービス，娯楽/フードサービスなどの多様な店舗，商品・サービスを展開している。

2008年8月，イオングループはイオン株式会社という純粋持株会社体制へ移行し，同社がグループ全体の戦略策定，事業の再構築，投資，グループの経営理念の実現という役割を担うこととなった。それ以降，イオン株式会社は子会社および関連会社の株を保有し，グループ全体を効果的に管理しつつも運営そのものには直接かかわらないという形態を採っている。そこには，取締役兼代表執行役社長，グループCEO岡田元也氏によって「新たなグループ成長モデル」と位置づけられた，イオンの「集中と分権」哲学が表れている。この戦略には，次のような内容が含まれている。(1) 都市部近郊に大規模ショッピングモールを建設すること，(2) 世界とくにアジア地域でイオンの国際展開を積極的に進めること，(3) 専門店やコンビニエンスストアなど，従来とは異なるタイプの店舗・商品・サービスを含めた事業の多角化を図ること。イオンは，2012年までに世界の小売業トップ10社に入ることを主な目的として掲げている[2]。同時に，イオンは持続可能な成長戦略を掲げ，企業の成長と環境へのインパクトを削減していくことを，重要な目標としている。

イオンは日本では，CSRの取り組みに関する先進企業であることが知られている。実際，2009年2月には，Corporate Knights社とInnovest Strategy Value Advisors社がまとめている「世界で最も持続可能な企業」トップ100社にランクインしている。イオンは，とくに環境対策と社会貢献活動にCSRの重点を置き，取り組んでいる。純粋持株会社体制への移行と新ビジネス戦略の採用に合わせて，2008年3月，「イオン温暖化防止宣言」を発表した。これは，2006年グループのCO_2排出総量を基準として，2012年までに30％削減することを目指すというものである。宣言には，イオンは(1) 気候変動に関して具体的数値目標を定めた日本で最初の小売業者になること，(2) 店舗，商品，顧客の観点から，包括的な持続可能性・CSR戦略に取り組むこと，(3) 説明責任が果たせるよう，透明かつ明確な目標を設定すること，の3つを盛り込んでいる。

イオンの持続可能性戦略は非常にわかりやすいものである。2006年のCO_2排出総量が370万トン，企業の成長率を20％と見込み，2012年のCO_2排出総量は約445万トンとなると見積もった。したがって，CO_2排出量を260万トン

にまで減らすこと（2006年から30%削減した数値）がイオンの目標とされた。これは，185万トン減らすことを意味している。成長見込みを考慮に入れることで，実質50%削減にまで迫ったことは特筆に値する。CO_2を185万トン減らすため，イオンの持続可能性戦略では，次の4つの方針をたてている。(1) 各店舗での設備・システムの改善によってCO_2を50万トン減らすこと，(2) 商品・サービス・流通の改善によって57万トン減らすこと，(3) レジ袋使用を減らしたり植樹活動を行うなど，顧客との協働によって31万トン減らすこと，(4) 残りの47万トンについては，京都メカニズムの活用によるCO_2排出権を確保すること。

CSR戦略をまずCO_2削減に絞って実施することで，イオンはグループ各社がそれぞれの現場に応じて柔軟に取り組みやすい明確な数値目標を設定できるようにした。さらに，イオンは他にもCSRの取り組みを行っている。例えば，イオンは労働基準・人権に関する国際規格SA8000の認証を受けたアジア最初の小売業者である。同社のプライベートブランド・トップバリュ（TOPVALU）は，透明性とトレーサビリティ，人権，フェアトレード，全サプライヤーの社会的・環境的監査などについて方針を定めている[3]。トップバリュは1990年からスタートし，衣料品，食品，家電製品，家庭用品など5000を超える商品を提供し，イオン全体の売上げの10%を超えている（調査当時）。トップバリュについて，次の5つのコミットメントを示している。(1) お客さまの声を商品に生かす，(2) 安全と環境に配慮した安心な商品を届ける，(3) 必要な情報をわかりやすく表示する，(4) お買い得価格で提供する，(5) お客さまの満足をお約束する。さらに，6つのサブブランドの1つである「グリーンアイ」では，次の5つの基準が示されている。(1) 合成着色料，合成保存料，合成甘味料を使わない食品を扱う，(2) 化学肥料，農薬，抗生物質などの化学製品の使用を極力抑えて生産する，(3) 適地・適期・適作・適肥育など，自然力によるおいしさを大切にする，(4) 環境や生態系の保全に配慮した農業をサポートする，(5) 自主基準に基づき，生産から販売まで管理する。イオンは，お客様が持続可能なライフスタイルをもてるように支援することが目標である，と捉えてい

る。イオンの CSR 戦略は経営戦略に組み込まれており，製品とサービスを対象として重点的に取り組んでいると言える（詳しくは，Vilanova and Tanimoto, 2009 参照）。

4.2. DKV スペイン

DKV スペインは，Munich Health（健康保険業におけるヨーロッパ先進企業）のスペイン法人である。Munich Health は，Munich Re（ミュンヘン再保険会社）の保険部門であるドイツ ERGO Insurance Group の構成企業の 1 つである。1998 年に DKV（Deutsche Krankenversicherung：ドイツ健康保険）がスペイン・サラゴサにある地元保険会社を買収して以来，DKV のスペイン支社として 10 年にわたりビジネスを行っている。2009 年，5 億 3,800 万ユーロの保険料収入（2008 年度比 23％増）を得て，DKV スペインの純利益は 2,000 万ユーロを超えている。同社はスペイン市場を対象として幅広い事業所・相談窓口のネットワークを構えており，200 万人の顧客にサービス提供するため 2,000 人以上の従業員を雇用している。本社は，最大の市場シェアを占めるサラゴサとバルセロナにある。2007 年－2010 年の戦略計画によれば，DKV スペインは次の 3 つの戦略を通して，事業規模を 2 倍にすることを最重要目標に掲げている。(1) 既存事業の有機的成長，(2) 他の保険会社の M&A，(3) 責任ある持続可能な企業としてイノベーションを起こし差別化する。

CSR の観点からは，DKV スペインはユニークな事例である。同社の CSR 活動は，世界規模の企業戦略の結果でもなく，DKV 本社が策定した方針を実行しているわけでもない。DKV スペインの CSR は，同社自身のイニシアティブで行っており，逆に本社や他国の支社に影響を及ぼす例も出てきている[4]。これは非常に興味深いケースであり，DKV スペインの CSR 方針は，同社 CEO ジョセフ サンタクルーのビジョンとリーダーシップがもたらしたものである。彼は，DKV に入社する前は NGO「国境なき医師団」にいたことも影響し，10 年前に CEO に就任して以来，CSR を重要事項として位置づけてきた。CSR

は，成長のための4つの柱の1つに位置づけられている。イノベーション，エクセレンス，CSR，国際化を定めた「コミットメント・プラン」が，2007年－2010年度にかけて戦略計画として示されている。DKVスペインの『サステナビリティ報告書2008』には，「われわれの最終的な目標は，社会と環境との関係において経営の持続可能性を考慮に入れながら，ステイクホルダーとともに倫理的に行動し，CSRを会社の戦略および日常業務の中に組み込むことである」，と示されている。

　DKVスペインのCSR戦略は，次の5つの分野に焦点を当てている。(1)顧客，(2)従業員，(3)ステイクホルダーとの対話，(4)コミュニティ参画，(5)環境保護。同社は，商品・サービスを見直し変えていくために，CSRの考え方を積極的に取り込んでいる。

　まず顧客については，保険業界用語の理解を助けることを目的として設置された消費者グループと協働すること，高齢者向け保険の提供を約束すること，顧客が義務を履行する限り保険契約を取り消す権利を放棄すること，DKVの親権者指針により養子の子どもたちを対象に健康保険を提供すること，などが挙げられる。また，DKVが設立したインテグレリア財団では，障害者を雇用し，DKVのすべての事業活動のコールセンターを担っている。最近では事業を拡大し，DKV以外の外部のコールセンターも請け負うようになっている。

　従業員については，DKVスペインはワークライフバランス，機会均等，研修と能力開発，従業員向けの大規模なコミュニティ支援活動プログラムなどの方針を策定している。同社は，2009年 Best Places to Work Institutes が選ぶ「働きたい職場」トップ5に選ばれている。

　ステイクホルダーとの対話は，明確な行動規範をもつこと，サステナビリティ報告書を作成することなど，透明性を高める取り組みがなされている。例えば2009年には，ステイクホルダーとの協議の結果，新しい行動規範が採択されている。

　コミュニティ参画については，本業（保険医療）に直接関係のある分野にのみ参加している。とくに，マイクロ・インシュアランスの仕組み（例えば，ス

ペイン内の不法移民やエクアドルなどの途上国を対象としたもの）の開発や，健康に関する意識啓発，教育プログラムへの参加，といった活動に重点的に対応している。

最後に，環境保護については，DKV スペインはゼロカーボン企業であり，例えば，再生可能エネルギーの使用，リサイクル，水の管理に関するプログラムに取り組んでおり，ISO14001 の認証も得ている。イオンのケースと同様，DKV スペインの CSR 戦略もまた，商品・サービスに焦点を当てたビジネス戦略に組み込まれていると言える。

4.3. Mango

Mango は，創業者で経営者である Andic 兄弟（10 代でバルセロナにやって来たトルコ系移民）が 1984 年バルセロナに設立したオーナー企業であり，Punta Na Holding SA が株式の 100%を保有している。主に，女性向け（2007 からは男性向けも）の衣服・アクセサリーをデザイン・製造・販売している多国籍企業である。2008 年の収益は 14 億ユーロを超え，95 ヵ国で 1,300 店舗を運営し，うち約 70%はフランチャイズである。従業員数は 7,000 人を超える。現在，中国，イタリア，オーストラリアなどの国々にも事業拡大を続けている。スペインのアパレル業界では，Zara ブランドを展開する Inditex に次いで第 2 位の輸出企業（収益の 77%は海外市場から）であり，週に 2 店舗のペースで新規出店していると言う。Mango のビジネスモデルは次の 3 つに要約される。(1) ブランドイメージに焦点を当てた Mango のコンセプト，(2) Mango が設計・運営する優れた物流システム（スピードと豊富な品ぞろえを備えた，IT を活用した物流システム MANGO LOGISTICS SYSTEM），(3) 若くてダイナミックな労働力。

アパレル業界における Mango の CSR に関する関心は，先進的な取り組みというよりも，リスクマネジメントにあった。1990 年代ナイキのスウェットショップ問題に代表されるアパレル業界へのグローバルな批判を受けて，多くの企業は CSR に取り組み始めた。アパレル業界は労働集約型の産業であり，

生産の多くは途上国で行われ，サプライヤーの数も多く，非常に複雑なサプライチェーンを管理していくことに課題がある。Mango は 150 以上のサプライヤーを有しており，うち 70％以上は中国とモロッコ，他にもインド，ベトナム，パキスタン，トルコやバングラデシュなど様々な国にある。Mango の CSR についての関心は，このようにリスクと市場からの圧力への対応として始まったものの，現在ではサプライチェーン・マネジメントを中心に，CSR 戦略は経営戦略の中に位置づけられている。

Mango の CSR 方針は 2 つの領域に分けられる。1 つは，Mango が直接対応することのできるすべての CSR 課題を網羅する「内部」の面。もう 1 つは，主に Mango のガイドラインを遵守することを求めるサプライチェーン構成組織に対する「外部」の面である。内部面では，主に次の 4 つの領域で取り組みがなされている。(1)労働慣行と権利（例えば，ワークライフバランス，コミュニケーション，研修と能力開発，均等な給与と機会など），(2) CSR をコーポレート・アイデンティティに組み込むこと（例えば，倫理規定を実施すること，経営戦略に CSR を組み込むこと，UN グローバル・コンパクトに署名することなど），(3) Mango の商品自体の CSR 課題（例えば,全商品の有害物質を管理すること，梱包箱の再利用，船や鉄道による輸送，物流センターにおける環境効率規準, ISO14001 認証など），(4) 社会との関係（例えば，オーガニック商品の開発，毛皮不使用の方針，「クリーン・クローズ・キャンペーン」のような意識啓発キャンペーンとの協働，社会的イニシアチブへの資金・商品の提供など）。

外部面は，Mango の社会・環境規範を遵守するようすべてのサプライヤーに強く求めていく課題が中心にある。CSR 部署は，すべての商品に関してサプライヤーに監査を行い，Mango の社会・環境方針を遵守しているかどうかを認定する責任を負っている。サプライヤーは，それを遵守しなければ取引を取り止められる。さらに，サプライヤーは遵守の度合いに応じてランク付けされ，社会・環境方針の遵守状況を改善し，ランクを上げていくよう奨励される。2009 年において，Mango の全サプライヤーの 95％以上が社会・環境監査を受けており，すべての商品は店舗に届けられるまでに監査され，承認を受け

ることになる。Mangoの戦略は明らかに商品・サービスに何らかの影響を及ぼしているわけだが、その焦点はサプライチェーン・マネジメントを、通常のビジネスプロセスに組み込むことにある。

4.4. Tecnol

Tecnolは、スペインの南カタローニャにある都市レウスで1997年に創業した中小企業で、創業者で経営者のザビエル・マルチネスが所有するオーナー企業である。Tecnolの主な事業は、建設産業用の塗料、防水シーリング、化学薬品、表面加工、レジン（樹脂）とモルタルの生産・販売・施工である。このため、Tecnolは化学産業に属するとも考えられるが、Tecnolは一般向けに商品を販売しておらず、建設事業に直販していることから、自らを建設産業の一部であると考えている。Tecnolの売上は、2008年には6,000万ユーロを超え、従業員数も700人を超えている。特筆すべきは、女性が全従業員数の75%、経営幹部の40%にも達している。Tecnolは12の地域事業所、50以上の販売代理店をもってスペイン全土でビジネスを行っており、アンドラ、ポルトガル、フランス、ルーマニアに新規事業所を設けて、国際的な事業展開も行っている。

Tecnolのビジネスは、建設業界向けの化学品開発に特化している。製品・サービスの質は高く、従業員の会社へのコミットメントも強い。こうしたプロセスを維持するため、同社は研究開発（R&D）と人材の分野に重点的に投資を行っている。CSRは重視しており、とくに人材の領域で競争優位を見出している。

Tecnolは、CSR戦略として主に労働慣行と権利に焦点を当てている。同社のCSR活動は、持続可能な発展への貢献というよりも、事業遂行上の必要性から生じたものである。小さな町において建設分野で仕事をするに当たって、Tecnolは当初、優秀な人材（とくに営業スタッフ）を引きつけることに大きな課題を抱えていた。設立した頃、生産性は低く、営業スタッフの離職率が高か

った。Tecnol は建設業界で経験豊富な人材を確保することができず，従業員研修に相当な資源を投入しても，従業員は経験を積むと辞めてしまっていた。そうした中，ザビエル・マルチネスが CSR の取り組みに関する会議に出席したところ，CSR への取り組みがいかに人材面でポジティブな影響を及ぼすということを経営者たちが議論しているのを聞き，それが Tecnol を他社と差別化し，従業員たちとの間に抱えている問題を解決するチャンスだと認識したのである。

そこで，Tecnol は 27 の CSR プロジェクトを立ち上げた。そのほとんどは，次のようなワークライフバランスの改善を目指すものである。幼稚園への支援，法律で規定されている産休期間の延長，子育て中の社員に対する通常 1 ヵ月の休暇を 2 ヵ月にしてパートタイムで働けるようにするオプションの提供，従業員向け医療・法的アドバイスの無料提供，業務関連の研修費用の 90% 補助や他の研修費用に対する 60% 補助などの支援策を提供している。それらを合計すると，Tecnol は年間 500,000 ユーロを超える額（同社の売上の 1% 以上）を CSR 政策に支出していることになる。また Tecnol は，SA8000, ISO14001, ISO9001 などの認証も取得している。その結果，離職率の劇的な低下，急激な生産性の向上，企業イメージの強化，ワークライフバランスプログラムを対象とした各種報奨金の獲得に結びついていった。CSR への取り組みに高い評価を得たことで知名度や評判が上がり，それが大企業との戦略的提携の構築につながっている。Mango のケースと同様，Tecnol の CSR 政策はコアな経営プロセスと連動しており，製品・サービスではなく，人材マネジメントに焦点を置いて成功している。

5. 考　察

CSR によって影響を受ける競争力の要因は企業によって異なるものの，4つ

の事例すべてにおいて，CSR は企業の競争力に重要かつ積極的な影響を与えていることがわかった。4社とも，コミュニティとの関係構築，労働慣行，環境，評判，マーケティングなど様々な分野を網羅する包括的な CSR の方針をもっているが，それぞれ重要な競争力要因として，イオンの場合は商品とサービス，DKV スペインの場合は経営戦略，Mango はサプライチェーン，Tecnol は人材に焦点を当てていた。本研究の問いである「戦略的 CSR を行うことで企業の競争力にどのようなインパクトがもたらされるか」に対する答えは，CSR を真に戦略的 CSR になるように経営戦略に組み込むことによって，それぞれユニークで模倣できない価値をそれぞれの CSR 活動から引き出している，ということである。

顧客や従業員と良い関係をつくっていくこと，より良いサプライチェーンの管理を行うことといった経営プロセスのみならず，製品・サービスにおいても革新的であることが重要である。またこれら4社は，企業の競争力にインパクトを及ぼすような付加価値，すなわち高い評判，品質の改善，またより良いステイクホルダー関係などを CSR の取り組みから引き出している。戦略的 CSR を実施することを通して，企業は2つのタイプの価値を生み出していると考えられる。1つは独自かつ特有の価値，もう1つは一般的かつ共有された価値である。4つの RQ について明らかになったことを，表6-1にまとめよう。

(1) RQ 1「CSR と企業の競争力要因の間には，明確な関係性が見られるか？」について

CSR の取り組みは，様々な競争力要因（評判，顧客，知識経営，人材，イノベーション，品質，サプライチェーン・マネジメント，コミュニティとの関係など）にインパクトを及ぼしていることを，4社の調査結果が示している。CSR がどのように影響力を与えているかということについて，4つの事例に共通しているのは次の3点である。(1) CSR は複数の競争力要因にインパクトを及ぼしている。(2) 事例毎にインパクトの程度は異なっている。(3) インパクトを受けた

5. 考　察

表 6-1　調査結果の概要

	中心的問い	RQ			
		(1) CSR は競争力に対してポジティブなインパクトがある	(2) 戦略的資産および製品・サービスを通じて CSR は価値を生む	(3) 公式化された CSR 戦略	(4) 明確な CSR 指標
イオン	商品・サービス	○	○	○	○
DKV スペイン	経営戦略	○	○	○	△
Mango	サプライチェーン	○	×	×	×
Tecnol	人材	○	×	×	×

　競争力要因は無形の事柄である。例えば,「企業の評判は CSR を実施することで著しく向上する」ということには 4 社とも同意している。しかしながら,「今ではほとんどの企業が CSR の取り組みを行っており,そのこと自体は義務に等しい」という状況においては,一般の人々は CSR に戦略的に取り組んでいる企業と,そうでない企業を必ずしも判別できるわけではない。各社とも CSR は複数の競争力要因にインパクトを及ぼすと認識しているが,そのインパクトが各社に具体的に何をもたらしているかは様々である。

　戦略的 CSR とは,CSR を果たすことで得られる共通の一般的価値（評判,信頼性,ステイクホルダーとの対話の向上など）のみならず,それぞれの企業にとって何らかの独自かつ特有の価値を生み出すものであると考えられる。例えば,CSR 政策の実施によって戦略的価値を生み出す競争力要因の 1 つは顧客である。インタビュイーの一人は,「CSR の取り組みは,顧客をつなぎ止め,潜在的顧客が耳を傾けてくれるようにし,クチコミで広めてくれる顧客を増やすことが大事だ」と述べている。顧客にインパクトを与えるのは,単に評判の向上だけではなく,「サステナビリティを考慮に入れて製品・サービスを設計する企業は,優れた品質基準をもっていると人々はみなしており,CSR と品質の間には相関関係があると認識している」と言う。また知識経営もまた,

CSR がインパクトを及ぼしていることが明らかになった競争力の中核的要因の1つである。「様々な部署から CSR に関する課題について情報提供がなされることによって，これまで社内で共有されていなかったような知識が生まれる」ということもある。CSR 担当者の1人は，「CSR 部署で保有しているサプライヤーに関する知識の中には，これまで社内では品質管理部門でさえも知らなかったものがある」と話している。

戦略的かつ重要なインパクトをもつという意味ですべての事例において見られる競争力要因は，人材分野である。インタビュイーの1人は，「従業員は，会社は自分たちに報いてくれると思えば，彼らも会社のために報いるものである」と言う。ワークライフバランス政策を含め，労働慣行や権利に関する CSR 課題に取り組むことによって，「生産性，職場環境，優秀な人材の確保などの点において目覚しいインパクトを生み出すこと」をすべての企業が認識していた。

CSR がインパクトを及ぼすと思われる他の競争力要因は，イノベーションである。イノベーションと言えば，新製品・サービスの開発におけるものが中心であるが，さらに「サプライヤーの監査の仕方や経営プロセスを変えること」もまた重要なポイントである。本事例では，イオンのプライベートブランドの開発，DKV スペインの誰でも理解しやすい保険契約の仕組みの開発，Mango の全新商品に対する環境・社会からの管理，Tecnol のワークライフバランスへの取り組みなどを挙げることができる。

以上のように，戦略的 CSR を行うことと，企業にとって競争力ある価値を生み出すこととの間には明確な関係性が見られることが確認された。ただ，各企業が様々な部署に影響を与える基本的な CSR 政策を展開する一方で，戦略的な分野に関連した CSR に集中しており，そのインパクトのタイプと程度は企業によって異なるということが明らかになった。また，CSR によって生み出された価値には，独自のものと一般的なものとがあることも明らかになった。

(2) RQ 2「戦略的 CSR として戦略的資産に着目し製品とサービスを見直すことで，組織にとって新しい価値を生み出しているか？」について

　4つの事例研究の結果，RQ2 は2社において部分的に yes と確認されているが，他の2社ではそうではなかった。RQ1 で見たように，各社は，競争力を増すための中核的な戦略的資産（顧客，評判，人材，イノベーションや品質など）に焦点を当てることによって価値を生み出していた。しかしながら，4社とも，製品・サービスに CSR 戦略を集中させているわけではない。Tecnol では，製品・サービスの開発において CSR を課題と捉えていなかったが，競争力ある価値を生み出すに当たって CSR 経営が戦略上の課題となっている。

　DKV スペインとイオンの2社は，CSR を製品・サービスに関連した課題として積極的に取り組んでおり，RQ2 はそのように確認された。DKV スペインは，商品開発に倫理規準を適用したり（保険の年齢制限を高くしたり，保険の適用範囲を広げたりするなど），顧客にとってよりわかりやすくなるよう保険証書の内容を改善するというように，CSR を事業活動と密接に関連づけている。ステイクホルダーを巻き込んだり，社会的・環境的課題を考慮に入れるなどして CSR を組み込んできたと言える。イオンは，最も重要な戦略課題として，顧客，店舗，商品に CSR 戦略を絞っている。イオンは，店舗の設計・建設，商品開発，供給方法，表示，顧客を囲い込むプログラムといった戦略課題を含め，CSR 戦略として取り組んでいる。とくに，トップバリュは，アジアの主要小売業の中では唯一，サプライチェーンの社会・環境監査まで含めた厳しい CSR 規準を設定している。

　一方，Mango と Tecnol は，サプライチェーンや人材マネジメントを通じて間接的に製品に影響を及ぼしている場合もあるが，CSR 戦略を製品に絞っているわけではない。両社の CSR 経営は，それぞれ重要かつ独自の価値を生み出しているという意味で戦略的なものとなっている。Mango の CSR 戦略は，リスクマネジメントの観点から取り組んでおり，サプライチェーンの監査・管理に焦点を当てている。とくに製品に含まれる化学物質の管理・分析や輸送な

どを通して，製品・サービスに部分的にインパクトを及ぼしている。サプライチェーンにおける情報を集め，よりよい管理を行うこと，同社のパートナーやサプライヤーによって提供される品質を向上させることによって，重要な価値を生み出している。Tecnol は，労働慣行に関する CSR の実施によって戦略的価値，とくに生産性の向上と優秀な人材を引きつけることに成功している。Mango で見たように，Tecnol もまた CSR 経営を重要課題として取り組んでおり，製品・サービスへ間接的かつ部分的に影響を及ぼしていると言うこともできる。しかしながら，Tecnol では CSR は同社の製品自体に向けられているわけではない。

以上，4 社とも CSR を戦略的に捉えているのであるが，2 社においては，CSR は製品・サービスに直接的かつ重要なインパクトを及ぼしているわけではない。結論として，製品開発上の取り組みに CSR が組み込まれていなくとも，CSR 経営自体が重要な価値を生み出している。すべての企業が RQ2 のように，CSR を必ずしも製品・サービスに絞る必要はないと言うこともできる。

(3) RQ 3「戦略的 CSR として明確なビジョンを定め，それを達成するための計画を立てているか？」について。

事例研究の結果，RQ3 の内容は 2 社において部分的に確認されている。15 名のインタビュイー全員が，自社の経営戦略（成長，国際化，多様化，イノベーションなど）をある程度説明できたのだが，CSR 戦略やビジョンについて説明・描写することができたのはそのうち 4 人にすぎなかった。その 4 人は，CSR 担当者であった。また，特定の目標について述べた人もいた。「サプライヤーの社会・環境監査を行う」，「収入の 1% を CSR プログラムに活用する」，「エネルギー消費や廃棄物を減らす」，「ワークライフバランスのプログラムを策定する」というように。さらに中には，CSR を経営戦略とは別個のものと認識している人もいた。例えば，「われわれにとって CSR とは，経営目標を達成するというより，責任ある行動をとることである」と述べ，他に「わが社の

CSR戦略とは，事業活動において倫理的であることである」と話した人もいた。つまり，CSRは特定の活動や計画というよりむしろ「自社の行動を見直すための1つの方法」と理解していた。

イオンとDKVスペインは，全般的なビジョンのみならず，目標，計画，方針，実践，指標を示した戦略を公式化している。ただ，両社のCSR戦略は最近（2007年以降）策定された包括的な戦略であり，組織に浸透していくのはこれからである。他方，MangoとTecnolは公式化された戦略というものはつくっていないが，一般的な目標と倫理規範をもっている。ほとんどのインタビュイーは，CSRは重要かつ独自の価値を生み出すという点で戦略的であると考えている。たとえ彼らが自社のCSR戦略やビジョンについて詳しく説明することができなくても，自社にとって価値を生み出している分野や，自身の責任や活動にCSRが影響を及ぼす分野は何であるかは説明していた。さらに，インタビュイーの間には，「たとえいくつかのCSR活動は当初あまり有用でないと思えても，長期で見れば不可欠であることは明白」という共通理解が見られた。CSRは長期的な競争力のための重要な要因である，と認識されていると言える。

以上，明確なビジョンを定め，経営計画を策定することは，戦略的CSRを展開していく上で必要であるということは，すべての企業で必ずしもそのようになっていなかった。むしろ逆に，最初に戦略的CSRの取り組みが策定され，それをもとにビジョンや戦略がつくられるケースが見られた。言い換えれば，戦略的CSRは，意図された戦略というよりも創発的戦略であると言うことができる（Mintzberg, 2001）。

(4) RQ4「CSR経営を効果的なものにするため，明確かつ測定可能な指標を設定しているか？」について。

RQ4については，4つの事例研究の結果ではあまり明確に確認できなかった。多くのインタビュイーが「CSRは企業内だけでなく，社会・環境にもポ

ジティブかつ重要なインパクトを及ぼす」と答えたのであるが，それを裏づける経験的データを示すことはできたのは，回答者のうちごくわずかであった。実際多くの場合，「CSR活動に着手したことで従業員は満足していると思う」とか，「経験や直感による。正確な測定を行う必要はない。プロジェクトを分析し，CSRと事業の成果の間に整合性があるかどうかを見ればいい」と認識していると言える。

インタビュイーの1人が，「CSRにおいては，1人1人が会社と従業員・社会を良くしていくのであり，これはまさにwin-winである」と述べている。正確な測定が行われる場合もあるが，それは環境へのインパクト（例えば，エネルギー，廃棄物，リサイクル，水など）や人材（例えば，労災，多様性）などにおいて，「以前から測定していることであったり，あるいは法律によって測定が義務づけられていること」にとどまる。しかしながら，確立された指標のあるこうした領域でも，「CSRの政策がなければこうした指標もうまく利用できない」と言う。結局ほとんどの場合，CSR政策は「説明されるか正当化されているだけで，測定された指標をもたず理由づけをしているに過ぎない」という状況にあると言える。皮肉にも，多くのインタビュイーが同意するのは，「CSRの弱点の1つは，CSR経営を促進しベンチマークとなるような指標がなかなかないことである」。しかし同時に，彼らは「現時点では明確な指標はなくとも，プログラムを実施していくよう努力している」と述べている。

CSR指標を開発することの難しさは，「CSRがもたらす影響は，多くの異なる要因，例えば企業文化，業界，地理的条件，経済的文脈などに依存するため，自社のCSR政策はそのまま他社には移転できないし，おそらく自社に与える影響すら時期によっては変わるであろう」というところにある。つまり，現状において効果的なCSR経営は，必ずしも明確で測定可能な指標を確立することを前提としているわけではない。ほとんどのインタビュイーが，「CSRの向上においてキーとなる分野の1つは，測定基準の開発である」と述べているように，それが不要だと考えているわけではなく，現状としてはまだ有効な測定指標や方法が策定されていない，というのが実態である。

6. 結　　論

　本章では，CSRと競争力の中核的要因の間には直接的・間接的な関係があることを明らかにした。責任ある競争力戦略は多様に展開され，企業は独自の競争優位を生み出している。しかしながら，責任ある競争力戦略は，必ずしも制度的・直線的に進められるものではない。つまり，はじめにCSR経営の制度がつくられ，その上で戦略設計，行動計画の策定，そしてマネジメント指標の設定，決定された計画への適用というように。実際，責任ある競争力戦略を実行している企業を見ると，経営制度の設計から入るというより，さらに事前に戦略を計画して進めていくというより，組織が学習しながら創発していくダイナミックなプロセスと見ることができる。本章で取り上げた企業においては，自社の競争力にとって重要だと思われるそれぞれの分野において，CSRがいかに貢献しうるかを検討している。したがって，ある企業での取り組みが，そのまま他の企業に当てはまるというわけではない。

　4つの事例研究を基に，次のように結論づけることができる。企業は通常幅広くCSR経営に着手しているが，そこから新しい価値や市場を生み出すものもあれば，外圧への対応から評判を良くすることが理由となっているものもある。戦略的なCSR活動もあれば，必ずしも戦略的でないCSR活動もあり，多くの企業は戦略的活動に絞りつつも両者を同時に展開しているように思われる。さらに，すべての企業は必ずしも明確なCSR戦略を公式化したり，経営指標を設けることによって，戦略的CSRを追求しているのではないことも見受けられた。制度設計が先行しても，それが機能しなければ成果は得られない。重要なことは，まずCSR課題を特定し，そこから方針を定め，そして戦略と指標を設定するという創発的なプロセスである。その意味では，責任ある競争力戦略を成功に導くために不可欠な要素は，現状裏づけを行うための測定

基準がなくてもそのような取り組みを行えるような企業文化をつくっていくこと，と言うことができるのではないだろうか。Amabile (1998) が，創造性を摘みとってしまう企業の問題を指摘したように，CSR 活動が成功するような適切な環境を用意せず，意図せずとも CSR の動きを摘み取ってしまうような企業もある。逆に，戦略的 CSR がとくに経営制度や指標の設定を前提とせず実施され，マネジメントのプロセスにおいて対話・議論がなされ，課題を認識し，価値・ビジョンを共有し，展開していったケースも見られる。このことから，経営者は新しい制度を策定するにとどまらず，現場からいかに課題を認識し，新しい発想を得て，これまでのマネジメントを変革していくか，ということが問われるのである。

本章では，各企業がそれぞれ CSR の課題に直面し，責任ある競争力戦略を組織内で策定し，機能させていく取り組みについて考えた。もちろん，4 つの事例研究と 15 のインタビューだけから一般論を引き出し示すことは難しい。本研究成果をより明確に裏づけ，妥当性を高めるためには，さらなる研究を行う必要がある。とりわけ，本研究で提示した主要な問いと 4 つの RQ について，世界の企業経営幹部の相当数を対象としたサーベイ調査が展開されることが必要であろう。

(1) 全米小売業協会（NRF）の月刊誌 Stores による世界小売業ランキング TOP250。
(2) NRF の 2012 年のランキングによると 13 位（5 兆 6,272 億円）。
(3) その後，2014 年にイオンは「イオン持続可能な調達原則」を策定している。1）自然資源の違法な取引・採取・漁獲を排除します。2）生物多様性保全，自然資源枯渇防止の観点で，イオン基準を策定・運用します。3）再生不可能な資源の利用については，最小限にとどめます。4）農産物や漁業資源の産地，漁獲方法などのトレーサビリティを確立します。5）林産物において，保護価値の高い森林の破壊を防止します。
(4) 一般に多国籍企業の CSR 方針の広がりについて，internationalization（統一された本社の方針を進出先にも当てはめる），localization（進出先の事情に合わせて，CSR 方針を変えていく）の 2 つの議論がなされているが（Husted and Allen, 2006; Muller 2006; Barin-Cruz and Michael-Boehe, 2010; Popoli, 2011 など），DKV スペインのケースは，逆に現地での取り組みが本社に影響を与えており，ユニークなケースと言える。

第 7 章 CSR と公共政策

本章では，CSR 活動を促進・支援していく公共政策について考えていく。個々の企業が，社会・環境における様々な課題について，それぞれが自由にやりたいこと/やれることだけを行えば，社会の持続可能な発展につながっていくと言えるだろうか。企業の CSR 活動は，自主的・自発的なものと理解されているが，個々に合理的な活動を積み重ねても社会全体の持続可能性につながっていくとは言えない。このような社会的ジレンマの解決には，一般的にプレイヤーの環境要因を変え，個々の活動に一定の影響を与えることが有効である。一定のルールを公共政策によって設定し，ポジティブあるいはネガティブ・サンクションを与えることで，個々の企業活動を規制したり，奨励したりすることである。公共政策の策定は，マクロ，インタミディアリー，ミクロのレベルから取り組まれている。ここではマクロレベルにおける政策の新しい方向，さらに関係するステイクホルダーが協働する中間レベルでの具体的な取り組みについて，検討していく。企業の自主的取り組みか，政府の規制かという二分法を超えて，関係するステイクホルダーが協働してルールや枠組みをつくり，共に順守していくというスタイルの重要性を指摘する。

1. 問題提起

1.1. CSRの失敗？

　1990年代以降，CSRはグローバルに議論され，日本でも2000年代前半からブームとなってきた。すでに見てきたように，日本ではグローバルなCSRの潮流を受けて，個々の企業レベルでCSRの制度的対応が急速になされた。ただ当初は必ずしもローカル／グローバル社会の持続可能な発展というビジョンを共有する中で，CSR経営が位置づけられてきたわけではなかった。CSRとは，社会の持続可能な発展のために企業に期待されている経済的・社会的・環境的な役割・責任と言うことができる。持続可能な発展の基本的意味は，国連のBruntlantレポートで示されたように，現在のニーズを満たすのみならず，将来のニーズをも考慮することにある（UN, 1987）。さらにこういった時間軸のみならず，先進国と途上国の関係という地政学的な軸，環境問題のみならず社会問題も含めトータルに持続可能性を捉えていく軸が必要である。企業は経済・社会・環境に多大な影響を及ぼし，かつそこから様々な資源を獲得しているのであるから，持続可能な社会の構築においてローカル／グローバルに主導的な役割を担い，責任を果たしていくことが求められる。市場社会におけるCSRへの期待や要求が高まるに伴って，企業はトリプル・ボトムラインに基づいた戦略的なCSR経営の取り組みを始めている。

　ところで，CSRは一般に，個々の企業が自発的・自主的に取り組むものと理解されている。しかしながら，個々の企業による自発的な取り組みに任せているだけで，個々のCSR活動がはたして持続可能な社会の発展につながっていくのか明確ではない。個別の企業がそれぞれ自発的・自主的にCSRに取り組むことは重要であるが，個別に合理的なCSR活動が，そのまま社会全体の

1. 問題提起

合理性・持続可能性につながっていくとは言えない。

本章での問いは，個々の企業がCSR活動において，自分たちがやりたいこと，あるいはできることだけに取り組んでいれば，マクロレベルで持続可能な発展が実現していくのか，ということである。

例えば，企業がそれぞれ環境保全に取り組むフィランソロピー活動を行い，それをメディアを通して伝えることによって，市場社会において一定の評価を得て企業ブランドのイメージは向上するかもしれない。だが，個別企業の社会貢献活動を積み上げれば，地球環境全体の持続可能な発展につながっていくのだろうか。あるいはまた，近年多くの企業がCSR報告書を発行するようになっている。そのことは，それぞれの企業の活動姿勢を伝え，評判を向上させるのに役立つかもしれない。しかし，CSR報告書を発行する企業が，見せたい情報をそれぞれの立場から自由に公表しているだけで，はたして市場の透明性や信頼性の向上につながっていくと言えるだろうか。この10年ほどの間で，環境・CSR報告書を発行する企業の数は急速に増えている。しかしながら，企業が各々独自のやり方で報告書を作成しているだけであれば，公開された情報の信頼性や比較可能性は担保されない。それでは，市場社会における企業活動のアカウンタビリティを高め，ステイクホルダーにトータルな企業評価へのリソースを提供していることにはならない。

それに対し，企業の社会・環境問題に対する取り組みを，法律で規制しようとする考え方もある。CSRに対して「自発的アプローチ」をとるか「規制的アプローチ」をとるかについては，伝統的に対立する議論があり，それは現在も存在する。例えば，欧州委員会（EC）が開催した「CSRマルチ・ステイクホルダー・フォーラム」（2002-2004年）において，産業界はCSRを自主的な取り組みと捉えて，CSRに関する規制的政策はとられるべきではないと主張した。一方，NGOや消費者団体は規制的アプローチの立場をとっており，環境・消費者・人権問題に対して法的規制が必要であると反論した（谷本編，2004）。続くその後のフォーラム「ヨーロピアン・アライアンス・フォーCSR」においても，両者の対立の溝は容易に埋まらなかった。

日本では，日本経済団体連合会が，CSR は任意で取り組むべきことで，企業行動に対するいかなる規制にも反対するとの立場を表明している。経団連は「企業の社会的責任（CSR）推進にあたっての基本的考え方」（2004 年 2 月 17 日）と題する声明を発表し，次のように示している。

> 「本来，社会的責任に配慮した経営や，その情報発信，コミュニケーション手法等は，企業の自主性，主体性が最大限に発揮される分野であり，民間の自主的かつ多様な取り組みによって進められるべきものである。また，官主導の取り組みは，簡素で効率的な政府づくりにも反する。よって，CSR の規格化や法制化に反対する。」

市民社会組織が EU 圏ほど成熟していない日本では，規制反対派に対立する考え方を示したり，行動する力は弱く，CSR の議論はこの 10 年あまり産業界がリードしてきた。

自発的な倫理規定に対する批判は，グローバルには強い。例えば，労働，人権，環境，腐敗防止について 10 の原則を企業に求める国連グローバル・コンパクトに対して，NGO（グリーンピース・インターナショナル，アタック，コープウォッチなど）は，当初から企業の自主性に任せるやり方を批判してきた（TRAC, 2000）。彼らの主張は，グローバル・コンパクトには，企業が遵守すべき仕組みやモニタリング・システムがないため実効性に欠ける，というものである。グローバル・コンパクトは倫理的な行動規範であり，企業は署名することで即座に参加でき，いかなる法的拘束力ももたない。したがって，企業が組織体制を整備して適正に経営を行わなければ，たとえ参加企業数が増えても，NGO が批判するように「ブルーウォッシュ」を免れることはできない。国連グローバル・コンパクト事務局の Frederick Dubee シニア・アドバイザーが，グローバル・コンパクトの精神を次のように述べている[1]。

> 「グローバル・コンパクトは，法的な規範でも，測定基準でもない。企業が

経済的課題のみならず、人権や社会的・環境的課題にも取り組むためのプラットフォームである。企業がサステナビリティ原則や実践を進展させ実行していくために戦略方針に関するイニシアティブを発揮することを求めている。」

グローバル・コンパクトが企業システムの中で機能し、建前主義に陥らないようにするためには、その精神を共有し、10原則を経営システムに組み込み、ビジネスモデルの具体的な改善に活用していくことが重要である（Zadeck, 2004; Nwete, 2007; Bernhagen and Mitchell, 2010; Smith, 2010）。また各企業が、サプライチェーン・マネジメントやモニタリング・システムまでも含んだ経営システムを構築・実行し、新しい市場社会のシステム構築を進めていくには、さらなる仕組みが必要であろう。

1.2. CSRと市場社会

次に、市場が企業のCSRの取り組みをどれほど評価しているのか、その成熟度の問題がある。企業がCSRに取り組んでいても、また取り組んでいなくても、市場における評価に大差がないのであれば、企業が建前主義を超えてCSRにコミットしていくことを期待するのは難しいだろう。ところが市場が評価するとなると、企業は積極的に取り組まざるをえなくなるし、CSR活動にかかわるコストは投資と理解されるようになる。社会・環境面でのイノベーティブな取り組みや高いパフォーマンスが評価され、企業価値の向上にもつながり、競争優位をもたらすことになる（Tanimoto, 2004; 谷本, 2006）。しかし日本の市場社会は、CSR活動を積極的に評価するほどに成熟してきたと言えるだろうか。

社会的責任投資（SRI）は、資本市場で最も直接的に企業のCSRを評価するシステムの1つである。SRI市場は1990年代半ば以降、北米・EUを中心に発達してきたが（SRIのスクリーニングがかかった投資は、下記の通り2012年グ

ローバル市場で見ると全投資残高の約5分の1に達している），日本では2000年前後から導入されてきたものの，その投資残高はこの10年ほどの間で，当初の期待に反しほとんど伸びなかった[2]（ほとんどがSRI投資信託で，それも全投資信託の1%に満たない）。このような状況においては，企業は仮にSRIインデックスに組み込まれたとしても，必ずしも資金調達において有利になるというわけではない[3]。

GSIA（2012）によると，世界のSRIの市場規模は，13.6兆ドルに達しており，ESGを組み込みプロが運用する資産残高は，全投資額の約21.8%に相当する。その内訳は，ヨーロッパ市場が8.7兆ドルで全体の65%，アメリカが3.7兆ドルで28%，それにカナダの0.6兆ドル，4%を加えると，ヨーロッパ・北米市場で97%を占めている。それに対し，日本の規模は非常に小さく，約100億ドルで0.1%に満たない。また日本のSRI市場は，投資信託が大部分を占めており，2008年9月末時点でその資産残高は5,030億円となっている。同時期の全投資信託純資産高は95兆2,770億円で，SRI投資信託が占める割合は約0.6%に過ぎない。この割合は，2003年から2007年の間，0.4%から0.6%の幅にあり，その数値は，SRIが始まった2000年前後から期待したほど伸びていないことを示している（谷本編，2007）。

また企業とステイクホルダーの関係についても再確認しておこう。日本の企業システムは，第1章で見たように，これまでコア・ステイクホルダー，とくに主要法人株主，正規従業員，主要1次下請けを取り込み，閉じたネットワークを形成してきた。一方で，市民社会組織はあまり発達していなかった。そこでは，ステイクホルダーが企業に対してアカウンタビリティを求める声は弱かった。しかしながら，1990年代以降，こういった企業システムの構造も変化してきた。近年では企業が不祥事を起こすと，市場からの厳しい批判に直面し，ネガティブ・サンクションが働くようになってきた。一方で，まだ企業へのポジティブ・サンクションが働くようなメカニズムが組み込まれているわけ

ではない。例えば，環境問題に関する意識調査によると，多くの人々は高い意識をもっていることが明らかになっているが，それが必ずしも市場行動に結びついているとは言えない。

例えば，「少しくらい不便さを我慢してでも，環境は守るべき」と思う人は88.9％にのぼっている（博報堂，2007）。生活の中で実践していることについては，「ゴミの分別」や「こまめに電気を消す」などは90％ほどあるが，「環境への取り組みが進んでいる企業の商品を買う」が26.3％，「多少高くても環境を考えた商品を買う」は21.9％にとどまっている。さらにまた，一般にこのようなアンケートに見る人々の消費への意識と，実際の消費行動には乖離が存在するという指摘も多い（Barnberg, 2008; Carrington, Neville and Whitwell, 2010 など）。市場において，ポジティブ・サンクションのメカニズムが働いているとは言えないのである。

ここまでの議論をまとめておこう。個々の企業がそれぞれにCSRの取り組みを行っても，自動的に社会経済システム全体の最適性と合理性が必ずしも高まるわけではない。CSRの取り組みを通じて個々の企業活動が評価されたとしても，そのことが必ずしもシステム全体の持続可能性を高めるとは限らない。各企業が独自のやり方でCSRに取り組むだけでは，効果的に環境的・社会的課題に対処するには限界があると言える。また，特段の規制がない，あるいは市場社会が企業のCSRの取り組みをポジティブ／ネガティブのサンクションを伴って評価しないのであれば，企業には積極的に取り組むインセンティブが必ずしも働かないことになる。CSRは余裕のある大企業か，初めから社会的なミッションを強くもった企業だけが対応するテーマということになる。このジレンマを解決するメカニズムをどのように構築していくか，検討する必要がある。

1.3. 社会的ジレンマの解決

　一般に個別的合理性と社会経済システムにおける集団的合理性が一致しないことを，社会的ジレンマの問題と言われている。この社会的ジレンマの解決のためには，外部から一定のサンクションを与えることを通して個々の企業の行動に影響を及ぼすことが必要となる。

　市場でポジティブ／ネガティブ・サンクションを与えることによって，企業行動がCSRの取り組みの向上に向けて変化するよう促すことが必要である。つまり，何らかの公共政策によって，一定のルールや評価基準を設け，監視・罰則のシステム，あるいは評価・奨励のシステムを構築することである。さらに，新しい市場（グリーン経済）が創出されることによって，新しいインセンティブが生み出される，ということも期待される。こういった枠組みをつくっていく公共政策は，政府だけでなく，企業グループやNGOによってもつくられる。

　詳しくは後述するが，ここでは公共政策を次の3つのタイプに分類する。⑴マクロレベル：政府による規制と支援，⑵中間レベル：集団的選択として中間組織や業界による行動規範やプラットフォームの構築，⑶ミクロレベル：企業レベルにおける社会的課題への取り組み（＝CSR）である。個々のCSR活動が持続可能な社会の発展につながるよう，公共政策によって市場の環境をつくっていくことが求められる。法的規制や様々なインセンティブは，企業のCSRの取り組みを促進するようにポジティブ／ネガティブ・サンクションを与えるよう機能する必要がある。CSRを評価する仕組みや制度的枠組みを市場に設けることで，企業が受身だけではなく，積極的にCSRに取り組みやすい環境を整備し，個々の企業の取り組みが社会全体の持続可能な発展へと貢献することにつながっていくことが期待される。公共政策の説明に入る前に，ここで日本企業のCSRへの取り組みの現状と課題を再確認しておこう。

2. CSRの制度化の発展と課題

2.1. 制度化の課題

　日本企業のCSRの取り組みの現状を改めて確認しておこう。ここまで見てきたように，CSRはグローバルな潮流に乗って2003年頃からブームになり，CSR経営への制度的対応は急速に進んだ。新聞社，出版社，コンサルティング会社などは，企業のニーズに応じてCSRビジネス（コンサルティングやセミナーの開催，解説書などの発行）を拡大させてきたし，それがまた企業の行動にも影響を与えてきた。各企業はCSR経営の取り組みを手探りで進めてきた。当初どのような取り組みが正しいのかどうか明確でない中，多くの日本企業は，互いに他社の動向を見ながら対応してきた。つまり各社，多くの企業が取り組んでいることを追随することで，制度的同型化が広がることになった。その場合，各企業のCSRへの取り組みは戦略的な議論の積み重ねの上で行われているのか，CSRの制度は設置されているものの実際には社内であまり機能していないのか，外部からでは見分けがつかない。例えば，CSR報告書を作成する企業数は，CSRブームに伴って急速に増えている（第5章 図5-1参照）。しかしながら，これまで情報開示の形式が類似していることが指摘される。CSR報告書のスタイルは模倣され，多くは制度の紹介に終始するものが多かった。同業他社の先進的取り組みや，CSR報告書賞などで評価を受けた企業のスタイルを参考にし，報告書制作支援会社のアドバイスに従った結果であると言える。基本的に多くの企業は，大枠を横並び的に受け入れながら，個々の内容・データについては，独自のやり方で出せる情報を開示してきた。また国内外のガイドラインに準拠していることを示してはいるものの，情報の範囲（国内外の連結子会社を含むのか否か），指標の設定の仕方，測定基準などについ

ては共通のものが見られない。それでは開示情報の信頼性や比較可能性は低く，企業間の違いがわからない。これでは報告書の発行数が増えても，市場における透明性，アカウンタビリティを高めることにはつながらないことになる。さらに個別企業レベルで見ても，社会・環境面での取り組みについて，具体的な目標（数値化できるもの／できないもの含め）を定め，当該年度のパフォーマンス評価と次年度の課題が明確に記されていなければ，企業がステイクホルダーとのコミュニケーションに活用できるようなツールとしてうまく機能するわけでない。

　CSRにかかわる取り組みは，経営プロセスに組み込まれ，経営基盤が強化され，ステイクホルダーから評価・信頼を得られることがポイントとなる。第5章で見たように，CSRを経営プロセスに組み込んでいくには，まずはトップマネジメントがリーダーシップをもってCSR経営にコミットすることを明らかにし，CSRを中期経営計画に組み込み，各部署で行動計画を策定していくことが必要である。そして，戦略的に実行し，定期的にチェックしフィードバックを行い（PDCAサイクル），その上でCSR経営にかかわる取り組みの結果（パフォーマンス）を毎年財務報告書とともに開示することが求められる。さらにこのような計画の立案，戦略の実施というデザインにとどまるのではなく，具体的なテーマについては，現場での課題を柔軟に受け止め，創発的に戦略を考えていく姿勢，思考が重要になっている。

　CSRブームの進展に伴い，日本企業のCSRへの理解は少しずつ変化してきている。経済同友会が実施した「企業の社会的責任（CSR）に関する経営者意識調査」によると，「CSRは企業経営においてどのような意味を持っているか」との問いに，「経営の中核に位置づける重要課題」と答えた企業は約51％（2003年）から69％（2006年），71％（2010年）へ増加している。また，「払うべきコスト」と回答した企業の数は，同じく65％から55％，51％へ減少している。

2.2. 不祥事と企業の対応

　CSR への制度的な対応は急速に進んできたが，前章に見たように，不祥事や法令違反を起こす企業の数は増えてはいないが，明確に減っているとも言えない。2000 年代に入って，CSR の議論の広がりもあって，これまで表に出てこなかった問題が，公にさらされるようになったとも言える。安心・安全を求める消費者の要求の高まりを受けて，関連省庁は，消費者保護と市場における公正性の観点から，問題を起こした企業に強い処置をとっている。例えば金融機関は，不良債権問題がほぼ収束した 2004 年頃から，金融庁は消費者保護を重視し，企業不祥事・犯罪にかかわった金融機関に厳しい行政措置を施してきた。例えば，不適切な会計処理，不正行為，財務報告書の虚偽記載，保険金支払いの不履行といった問題に対して，業務停止および業務改善命令などの処置を行ってきた。そして，内部管理体制の強化や改善を勧告したり，業務停止命令を下したりしてきた。行政処分を受けた金融機関の年間合計件数を見てみると，56 件（2002 年），102 件（2003 年），94 件（2004 年），228 件（2005 年），152 件（2006 年），83 件（2007 年）と推移している。

　2008 年の経済広報センターによる「第 11 回 生活者の"企業観"に関するアンケート」の調査結果によると，企業の事業活動は社会からの信頼をあまり得ていないことがわかる。企業活動に対して「信頼できる（十分／ある程度）」が 26％で，「信頼できない（あまり／信頼できない）」が 34％であった。企業が社会からより高い信頼を勝ち得ていくために必要なことは，「商品　サービスの高い質を維持する」，「企業倫理を確立し不祥事を起こさない」が 58％にのぼっている。

　CSR の行動規範や担当部署の設置といった制度的な対応は，トップマネジメントの指示ですぐ実行することができるかもしれないが，しかしながら大事なことは，そのシステムが実際に組織で機能しているかどうかにある。さらに新しい社会的・環境的課題に新しいアイディアをもって取り組んでいこうと

するイノベーティブな姿勢が求められる。形式だけでは経営の基盤強化にもつながらないし、新しい価値も生まれない。持続可能な発展が求められているグローバルな動向を理解し、自社が今後何をすべきか、何が期待されているか、どのような企業になるべきかを考え、取り組んでいく必要がある。

3. 公共政策

3.1. 公共政策の機能

個別企業レベルでのCSR経営の制度的対応は、CSRブームを経て大きな進展を見せている。しかしながら、ここまで述べてきたように、まず(1) CSR経営の制度化が進んでも、CSRが経営プロセスに組み込まれていなければ機能しない。さらに(2)各企業がCSRの課題にそれぞれ個別に自由に取り組むだけでは、それらの努力が自動的に社会の持続可能な発展につながっていくわけではない。つまりCSR活動の目標や方向性がばらばらであれば、それぞれが合理的で意味のある活動であっても、システム全体にとってのメリットが生み出されるわけではない。こういった社会的ジレンマを解決するにはどうすればよいか。

一般的に、環境要因を変えることよって、個々の行動に影響を与えることが有効である。何らかのルールを設定し、個々の活動に規制を与える、あるいは奨励することである。個々の企業が自主的にCSRを進めていくことは必要であるが、その前に、大きな枠組みのもとで共通のビジョンを設定し、方向づけ、ゲームのルールを共有していくことが重要である。

CSR活動をすべて法的枠組みで規制することは望ましくないし、また現実的ではない。CSR課題への企業の取り組み、マネジメント・プロセスをすべて法律で管理できるわけではない。企業のCSR活動を促進し、それを社会の

持続可能な発展につなげることを可能にするような公共政策が求められる。政府による公共政策は、企業が CSR 課題に取り組みやすくなるような環境づくりをしたり、市場での CSR 活動の発展を促進したりする上で、重要な役割を果たす。企業グループや経済団体もまた協働して公共政策を形づくっており、NGO もテーマ毎の枠組みづくりで役割を果たしてきた。公平な市場競争をベースに、このような新しい規範やルールを策定し、組み込んでいくことが課題となる。

市場社会において CSR を促進するために必要な政策を 3 つのレベル：(1) マクロレベル（政府）、(2) 中間レベル（中間組織）、(3) ミクロレベル（個別企業）から見ていく（表 7-1 参照）。

(1) マクロレベル（政府）

政府の役割は、伝統的には指令と制御（Command and Control）のアプローチが強かったが、今は多様な方法で CSR を促進するための制度的インセンティブづくりがなされている。そこでは、関連するステイクホルダーと連携した枠組みづくりが試みられている。Fox, Ward and Howard (2002) は、CSR を促す環境づくりという観点から、公共政策の 4 つの役割を説明している。① 命令（mandating）。いわゆる「指令と制御」を目的とした法律制定、規制と監視、法的および財政的な懲罰と報償を行うこと。② 促進（facilitating）。取り組みを促進させる法律制定、資金的支援、インセンティブづくり、意識啓発、キャパシティ・ビルディング、そして市場を刺激すること。③ 協働。資源を結びつけること、ステイクホルダー・エンゲージメントを行い、対話を進めること。④ 承認。政治的な支援、広報と顕彰。ここでの承認とは、政策によって市場における CSR を支援することを指している。例えば、市場を通して CSR を促進していく公的調達基準の策定や、CSR 活動の顕彰は、企業の評判を高めていく。これらの活動は機能的に「促進」と類似しており、「促進」と「承認」には明確な違いをつけにくいことから、基本的な公共政策としては大きく次の 3 つのカテゴリー、「規制」、「促進」、「協働」に分けることが可能である。そこで以下では、CSR を市場社会に組み込むためには、次の 3 つの

方策,① 規制,② 支援／奨励,③ 協働が必要であることを見ていく。さらにそういった政策を実行する前に,持続可能な社会経済システムの構築に向けた将来ビジョンをつくり,共有していくことが重要である。関連するステイクホルダーが参加してビジョンづくりのプラットフォームを構築することは,政府の政策の中でも最も重要なものの1つとなっている。その際,政府が一方的にビジョンを示すのではなく,関係するステイクホルダーが協働し,ビジョンを策定・実行していくことが重視されている。そこではこういった議論の枠組みをいかにつくり(マルチ・ステイクホルダー・プロセス),新しいガバナンスのスタイルを構築させていくのかが問われる (Nelson and Zadeck, 2001; Reinicke and Deng, 2002; Hemmati, 2002; Benner and Witte, 2004; Vallejo and Hauselmann, 2004)。

(2) **中間レベル**(企業グループ,経済団体,労働組合,消費者団体,NGO グループ,大学・研究機関などの中間組織)

これらの中間組織は,市場社会における CSR の進展や社会の持続可能な発展において重要な役割を果たしており,社会的課題に取り組むために企業や政府との連携を行っている。また複数の企業による集団的選択として,CSR の取り組みを促すプラットフォームを自発的・協働的に形成する動きが見られる。後段見るように,複数の協力しあう企業や業界団体などが,共同のガイド

表 7-1 公共政策の3つのレベル

	マクロレベル	政府
1	マルチ・ステイクホルダーとのビジョン・戦略の策定 CSR活動を促進する公共政策	
	中間レベル	企業グループ,経済団体,労働組合,NGO 他
2	中間組織による行動基準,プラットフォームの設置 支援,調整,協力	
	ミクロレベル	個々の企業
3	CSRマネジメント(ビジョン,戦略,PDCAサイクル) ソーシャル・イノベーションの促進	

ラインやモニタリング・システムづくりのためにプラットフォームを形成することなどは，その典型例である。

(3) ミクロレベル（企業）

各企業における CSR 経営の実践。企業が CSR を経営プロセスに組み込むにはイノベーティブなアプローチを開発する必要があり，また環境的・社会的課題への取り組みで実際に成果を生み出すことができるようにソーシャル・イノベーションを促進する必要がある。本章では，個々の企業による自主的アプローチだけでは限界があることを指摘しており，個々の取り組みをどのように全体システムの持続可能な発展につなげていくかを検討している。したがって以下では，(1) マクロレベルと (2) 中間レベルの政策について見ていくことにする。

3.2. マクロレベル：政府の役割

政府の役割について，EC では「持続可能な成長と企業家精神を支える経済的，環境的，社会的フレームワークと，社会，経済の持続可能な発展をうまく結びつけていくこと」(EC, 2004) と促えている。持続可能な社会の構築のため，公共政策を策定し，実行していくには，政府がイニシアチブを発揮し，ステイクホルダーとともに将来ビジョンを策定し，省庁横断的な枠組みをつくっていくことが不可欠となっている。共通のビジョンをもたず，各省庁がそれぞれの権限の範囲内で政策決定を行うならば，ばらばらな政策が提示されることになる。それでは取り組みが重複したり，予算の無駄づかいにもつながり，政府は全体として大きな影響力を及ぼすことができなくなる。そこで政府に求められることは，関係するステイクホルダーの参加を通じて持続可能な発展のための国家ビジョンをつくることである。マルチ・ステイクホルダー・プロセスが，新しいガバナンスのスタイルとして広がりつつある（企業と社会フォーラム編, 2012: 谷本, 2013)。

このような動きは，1990 年代の後半頃から EU 諸国で始まっている。EU の

リスボン戦略やヨーテボリ戦略では，より良い雇用と社会的統合を伴う持続可能な経済成長を可能にし，より安心で健全な環境をつくり，競争的でダイナミックな知識ベースの経済を目指す，社会経済の持続可能な発展のための枠組をつくることを宣言している。

持続可能な発展を求める動きの発端となったのが，1992年にリオデジャネイロで行われた地球サミットである。その際，「アジェンダ21」が採択されている。その中で，今後各国は持続可能な発展のための国家戦略づくりと，持続可能な発展委員会の設置が求められている。これを受けてECは，2001年「EU持続可能な発展戦略」を発表している。そこでは，持続可能な発展，すなわち経済的繁栄，社会的公正，環境保護の原則と目標と，その国際的な責任が宣言されている。そういった取り組みは，政府だけで達成できるものではない。企業セクターそして市民セクターが，ローカル／グローバルなレベルで社会的・環境的課題に取り組むために，イノベーティブな方法を創り出すよう促していくことが必要である。

1990年代後半以降，EU主要国はマルチ・ステイクホルダーで構成され運営される「持続可能な発展委員会」を設置し，持続可能な発展に向けた国家戦略の策定作業を進めている（EC, 2004）。このような枠組みの中で持続可能な発展について全般的な議論がなされることは重要である。この委員会では，関係するステイクホルダーが一堂に会し，多様なテーマを含む持続可能な発展について議論を行い，理解を深め，どのように社会・環境問題にコミットしていけば良いのか考えた。政府にとっては，他のステイクホルダーがどのように考えているのか，どのような役割を果たすべきかを知る機会となっている。

次に，CSRに取り組みやすい環境を整備していく政府の役割として，(1) 規制，(2) 支援／奨励，(3) 協働，を見ていこう（表7-2参照）。

表7-2　政府の公共政策の3つのカテゴリー

1	規　　制	ハード規制，ソフト規制
2	支援／奨励	財政政策，基準づくり，啓発活動
3	協　　働	ビジョン／政策の策定，実施における協働

(1) 規制：企業の事業活動を管理・促進するための枠組みづくり

それには2つの基本的なアプローチ，ハード規制とソフト規制がある。前者は，例えば有害物質などの規制によって，消費者の安全を守る場合不可欠なアプローチである。また上場企業にCSR活動の情報開示を求めるなどの方策が，デンマーク，ノルウェー，イギリスなどで見られる。インドネシアなど東南アジア諸国では，地元に社会貢献活動（利益還元）を求める法律も施行されている。またインドでは，会社法においてCSRへの支出，報告を義務づけ，ガバナンスの強化を求めている。もっとも具体的取り組みについては，企業の積極性，戦略性に委ねられている。後者のソフト規制は，企業がCSR課題に取り組みやすいような枠組みづくりを行うことを目的としている。これには2つのカテゴリーが存在する。1つは，ソフトローによる取り組みである。ソフトローとは，法律のような強制執行力のない法的規範の総称である。国連機関や経済団体，NGOなどが定める一定のガイドラインや倫理規範などが，市場社会において一定の拘束力や実効力をもつ規範である。例えば，OECDの多国籍企業ガイドライン，ISO26000，国連のグローバル・コンパクトなどが挙げられる。また経済団体の示す行動規範や，業界団体による自主的なガイドラインなど，それぞれの領域で影響力をもつものも存在する。

もう1つは，政府が調達の基準にCSRの項目を入れたり，公的年金の運用基準にESGを組み入れSRI運用を行うことなどがある。政府機関がこういった取り組みを行うこと自体が，市場にメッセージを与え，企業のCSR活動を促進していくことになる（次の(2)と重なる部分もある）。典型的な事例として，イギリスでは2000年，1995年年金法の改正において，年金基金は投資判断およびその方針において，社会的・環境的・倫理的配慮を行っている場合は，どの程度行っているか開示することが求められるようになった。これはSRI運用を義務づけるものではなく，ソフト規制のスタイルの1つとして，次のカテゴリー「支援／奨励」のベースづくりのみならず，社会・経済的な環境整備においてもユニークな方法の1つと言える。

(2) 支援／奨励：CSR を促進するための制度的支援策づくり

このアプローチには，財政的枠組みづくりに関するものや，社会的に責任ある企業の顕彰，CSR の啓発活動の促進，広報，CSR に関する調査や，研修・教育，教材の開発などが挙げられる。法的規制ではなく，財政的，非財政的方策によって，直接的／間接的に環境を整えることが課題となる。啓発活動の事例でユニークな事例としては，イギリスの CSR アカデミーが挙げられる。これは，DTI（英国貿易産業省）が主導して 2004 年 7 月に設立され，企業人にCSR 研修，ネットワーキング，多岐にわたるトピックに関してアドバイスを提供することを目的としたものであった。

(3) コラボレーション：政府と企業，NGO の間の協力関係づくり

政府だけでは CSR を市場社会に組み入れていくことは不可能である。他のセクターとの連携は，適切な CSR 方針を策定したり，ローカル／グローバル・コミュニティの開発に取り組んだりする上で重要となる。例えば，上記のCSR アカデミー・プロジェクトは，政府主導で設立されたが，NGO や企業グループ，その他の機関，とくに AccountAbility, Business in the Community, 英国ビジネススクール協会，BSI，英国商工会議所などが連携し開発・運営がなされた。そもそもイギリス政府の CSR 政策は，企業やコミュニティ組織と連携して，実行されてきている。

実務的な観点からすると，政府は 1 つの政策を選ぶというよりも，いくつかの政策を組み合わせることが有効である。例えば，企業に CSR の情報開示を促すために，義務化（法の制定），支援／奨励（ガイドラインの設定），協働（情報の収集，監視，評価などにおいてステイクホルダーと連携）といった方法を組み合わせていくことで，実現可能性の高いものとなる。また一律の基準を決めることが政治的に難しいような場合も，柔軟に取り組む方が良いと言える。国（地域）によっては，社会的構造や慣習が大きく異なり，社会的課題も異なってくる。さらに法的なルールを決めた場合，その最低ラインを守りさえすればいいとなってしまう場合も少なくない。企業の持続可能な発展への貢献は，法

的規制を守ることによってなされるのではなく，イノベーションによって成し遂げられることが重要で，そこに企業の可能性がある。それは政府が強制することによって可能になるものではない。政府は持続可能な発展に向けた国としてのビジョンを示し政策を立てることで，大きな方向性を示したり，企業の取り組みを財政的・非財政的に支援したりすることが期待される。

3.3. 中間レベル：中間組織の役割

中間レベルにおける取り組みとして，複数の民間企業によるイニシアチブが存在する。個別企業による取り組みではなく，関係する複数の企業が協働して，行動規範・ガイドラインを策定したり，共通のプラットフォームを構築していくものである。これは公共経済学者 Ostrom（1990）の言う，自己組織的協同選択（Self-Organized Collective Choice）の戦略と言える。共有資源を適切に管理する仕組みについて，政府か市場かの二分法を超えて，関係するステイクホルダーが自主的にルールを定め，統治していくスタイルである。そこでは，集団的行為の自己組織的，自己統治的（Self-Governance）なスタイルが見られる。それは，政府が法制化によって規制するものではなく，各プレイヤーが自発的に合意形成し，自らモニタリングやサンクション・システムを構築するものである。本書のケースで言えば，例えば次のようなものが挙げられる。(1) マルチ・ステイクホルダーによる規範／ガイドラインの構築（国際機関，NGO，企業他）。例えば，GRI，SA8000，ISO26000 など。(2) 複数の有志企業による CSR 調達システムのプラットフォームの構築・実施（企業間）。代表的な例として，ICT 企業による責任あるサプライチェーン・マネジメントをサポートし，持続可能な社会づくりを目指す EICC（Electronic Industry Citizenship Coalition）や GeSI（Global e-Sustainability Initiative）[4] などがある。そこでは，プラットフォームを自発的に形成し，その仕組みを共有し（外部権力から独立，自由の制約），共に管理運営，モニター，サンクションのシステムをつくっている。これは私的な合意であるが，影響力あるメンバーが参加し実効性を高め

ていくことで，正統性を得て他に広がっていく。また個々の企業が行うよりははるかにコスト削減が可能となる。以下では，EICC の事例を見ていこう（谷本，2006）。

　EICC とは，Hewlett-Packard 社が中心となって 2004 年に ICT 業界で構築された CSR 調達の共同管理システムである。HP 社はその前年の 2003 年，イギリスの人権 NGO・CAFOD からサプライチェーンにおける労働条件の改善に関する批判・要求を受けた。それへの対応策として"Social and Environmental Responsibility Supplier Code of Conduct"を策定し（コンプライアンス，環境経営，従業員の健康・安全，人事管理の 4 項目に関して），実施し始めた。その動きはすぐ同業他社に影響を与えた。主要 ICT 企業である Dell, IBM, Cisco System, Microsoft, Intel などが追随し，共同して Electronic Industry Code of Conduct を策定した。そこでは，労働，健康・安全，環境，マネジメント・システム，倫理の 5 つの項目について調達基準が設けられている。この共通のプラットフォームは，2007 年に法人化し，2014 年初頭現在 95 社が参加している。この仕組みのメリットは，協働して管理しモニターを行うことで，メーカーとサプライヤー両方にとってプラスになるところにある。個社が複雑なサプライチェーンにおける CSR 調達の基準・仕組みをつくり，それぞれサプライヤーへの指導・管理を徹底し，モニターしていくには膨大なコストと手間がかかる。企業毎に基準・システムづくりをすると，その実効性・信頼性をどう担保するか，という問題も出てくる。企業側には，法的規制を避けるためにも，複数企業が協力して共同システムをつくることのメリットは大きい。さらにサプライヤー側からしても，複数の企業から異なる基準を要求されると対応に苦慮することになり，できれば手間とコストを削減したいという思惑とも合致する。

4. 規制か自発かを超えて

　CSR 政策についてこれまでは，政府による規制か企業の自主性かの二分法で議論されてきた。しかし，それだけでは CSR という課題には対応しきれない。すでに指摘したように，CSR 経営それ自体を義務づけ管理することは現実的ではない。単純な二分法を超え，中間レベルで関係するステイクホルダーが公共的政策やルールを共につくっていくプロセスが求められる（マルチ・ステイクホルダー・プロセス：MSP）。前段で見たように，個々の企業がそれぞれ自由に取り組むのではなく，複数の主体が自主的に協働し，1つのプラットフォームをつくり，そこで決めたルールを共に遵守していくことがポイントになる。そういった取り組みを他の組織も評価し，受け入れ共有していくことでネットワークが広がる。その結果，社会的コストの低減に結びつき，市場社会からの支持・評価も得られることになる。このようなマルチ・ステイクホルダーによる取り組みの背景には，とくに 1990 年代以降，国際関係が複雑化し，相互依存関係が強くなり，グローバルな課題に対する議論の仕方，取り組み方が変化していることがある（谷本，2013）。地球環境問題などのように，一国政府だけでは解決しきれない，国境を超える様々な課題が広がっている。各国の利害がぶつかり合い，対立する課題が増えており，既存の枠組みを超えたシステムが必要になっている。また持続可能性に関する課題そのものが複雑で，経済的，環境的，社会的な要素が切り離せず，トータルに捉えていかねばならない。そこでは，政府の代表のみならず，非政府組織など関係するステイクホルダーが共に参画し，幅広く議論していくプロセスが求められる。多様なステイクホルダーが協働して課題に取り組んでいく枠組が，グローバル・ガバナンスである。グローバル・ガバナンスのスタイルには，大きく言えば3つのパターンが見られる（企業と社会フォーラム編，2012；谷本，2013）。1つは，EU での

会議にも見られるように,持続可能な発展に関する"ビジョンや政策課題"の策定・実施。2つ目は,ISO26000 の策定プロセスに見られたように,グローバルな"ガイドライン"の作成。3つ目は,"個別課題"の解決に関係する複数のステイクホルダーによる協働・実施(先の EICC のような共同のプラットフォームなどは典型例)がある。ここでは,理論的に理想的なガバナンス・スタイルがあるわけではない。これまでのマルチ・ステイクホルダーによる会議においても(ISO26000 など),具体的な議論のプロセスにおいて,議論の仕方やルールも同時に考えられてきた。MSP は民主的なプロセスではあるが,多様なステイクホルダーが参加するため,手間と時間がかかる。協議内容は透明性を確保し,そのプロセスを明らかにすることが必要である。誰でもがアクセス可能で,情報は常に開示されているオープンな仕組みを構築していくことが必要である(Hemmati, 2002)。アカウンタビリティを欠くと,MSP による議論の正統性は成り立たなくなり,グローバル・ガバナンスの仕組みはうまく機能しなくなる。協議,透明性,説明責任という原則に基づく協働の精神をベースに置くことが重要である(Commission on Global Governance, 1995)。

5. 結 論

CSR の議論が広がり,個々の企業も CSR 担当部署を設置したり,CSR 報告書を発行したりして,CSR 経営という課題に対して自発的な取り組みを進めてきた。しかしながら,個別企業が環境的・社会的課題に,取り組みたいこと,もしくは取り組めることだけを行ったとしても,それが社会経済システム全体の持続可能な発展につながる保証はない。個々に合理的で意味のある行動を積み重ねても,必ずしも全体の合理性や発展につながらないという問題がある。この問題の解決のためには,各企業の取り組みが,公共政策によってある程度調整されるような環境をつくっていくことが必要である。公共政策はマク

ロレベルだけでなく，中間レベルでも推進される。マクロレベルにおいて政府は持続可能な発展に向けたビジョンを MSP によってつくり，法的・財政的枠組みなどのハード／ソフトな規制を行い，CSR に取り組みやすい環境整備を行うことが求められる。中間レベルにおいては，企業や関係するステイクホルダーが自発的に協働し，共通のルールや基準，プラットフォームなどをつくり，その仕組みをオープンにし共有していく。政府ではなく，自らも他のステイクホルダーと共にルールづくりにかかわり，それを共に順守するスタイルである。社会の持続可能な発展に向けて企業に期待されるのは，まずこういった枠組みを踏まえて，CSR を企業経営に組み込み，ステイクホルダーにアカウンタビリティーを明示し，信頼を得ることである。企業がそういったマネジメントを行うに当って，また持続可能な発展を妨げる社会的・環境的議題にビジネスとして取り組むに当っても，イノベーションが必要であり，そのことで新しい社会・市場が創られていくことが期待されている。

(1) 第 12 回 GISPRI シンポジウム「社会的価値創造に向けた企業とシビルソサエティの新たな挑戦」，国連大学，2002 年 6 月 20 日における講演，"Global Compact：Globalization and Corporate Citizenship" より。
(2) その原因としては，個人／機関投資家のみならず，関係するステイクホルダーそれぞれに課題が存在する。詳しくは谷本（2013）参照。
(3) 2008 年の日本の機関投資家，とくに年金基金への調査によると（財団法人年金シニアプラン総合研究機構），年金基金が SRI を知っているかどうかを尋ねると，54%がイエスと答えているが，そのうち約 3 割が「聞いたことはあるが，詳しい内容はわからない」と答えている。SRI という言葉は知っているが，62.2%が「SRI を投資に組み込んだことがなく，今後その予定もない」と回答している。それに対して，SRI をすでに投資に組み込んでいるという回答はあわせて 6.9%にとどまっている。「現在は組み込んでいないが，現在検討している」と答えているのも 24.5%であった。つまり，これらの結果は，SRI が年金基金の資産運用の一部にはなっていないということを示している。SRI の中長期的な影響力に関する質問では，最も多かった回答（46.7%）が「海外のように影響力が強まると思う」とする一方で，33.3%は「今後どうなるかわからない」と答えている。
(4) GeSI は，主にヨーロッパ系の ICT 企業が中心になってつくられたネットワークで，EICC とも連携を深めている。

第8章　ソーシャル・イノベーションの創出プロセス

本章では，ソーシャル・イノベーションがどのように創り出されていくのか，そのプロセスを考察していく。近年ソーシャル・アントレプレナーに関する研究は増えてきている。しかしながら，ソーシャル・イノベーションに関する研究は，ビジネスのイノベーション研究と比べてまだまだ少ない。ソーシャル・イノベーションは多くの場合，1人の企業家だけで成しえるわけではなく，顧客，地域の市民社会組織（CSO），中小企業，研究者など関係するステイクホルダーとの連携によって生み出されている。ここでは，環境NPO：北海道グリーンファンドの事例研究を通して，このようなソーシャル・イノベーションの創出プロセスを解明する。北海道グリーンファンドは，日本で初めて市民出資による風力発電事業を始めた団体である。ソーシャル・アントレプレナーは社会的課題に取り組む際に，様々なステイクホルダーと協働しながら独自のアイディアを生み出し，多様な資源の動員を図り，イノベーティブな仕組みを創り出している。本章では，マルチ・ステイクホルダーの視点からソーシャル・イノベーションの創出プロセスを分析する新たなパースペクティブを提起する。

1. 問題提起

ソーシャル・アントレプレナーが台頭し，社会的課題に取り組む新たな担い手として期待されている。ソーシャル・アントレプレナーはボランティアではなく，ビジネス活動によって，福祉，コミュニティ開発，環境，途上国支援など様々な領域の社会的課題に取り組む。ソーシャル・エンタープライズは，これまで政府・行政の仕組みやボランティアでは対応しきれないローカル／グローバルなコミュニティの多様な社会的ニーズに，これまでにない新しいイノベーティブなビジネスモデルをもって取り組むことが期待されている（Brinckerhoff, 2000; Light, 2006; Tanimoto, 2006; Mawson, 2008; Yunus, 2010）。

研究者も近年，ソーシャル・アントレプレナーの役割と潜在力に注目するようになり，ソーシャル・アントレプレナーシップに関する研究が増えている。これまでにもソーシャル・エンタープライズやソーシャル・アントレプレナーに関する事例研究，理論研究は多く見られるが，ソーシャル・アントレプレナーがどのように新しいアイディアや仕組みを創出し，それを普及させていくのかに焦点を当てた研究はまだ少ない。ビジネスのイノベーション研究の膨大な蓄積と比較して，ソーシャル・イノベーションがどのように創出されるのかを分析するアカデミックな研究は不足している。本章の目的は，ソーシャル・イノベーションの創出プロセスを明らかにしていくことにある。

ソーシャル・イノベーションの特徴は，ビジネスのイノベーションと似ているところもあるが，異なるところもある。ビジネスのイノベーション研究における概念や枠組みは，ソーシャル・イノベーションの研究に適用できる部分も多い。しかしながら，ソーシャル・イノベーションには固有の特徴が見られる。それはソーシャル・エンタープライズのミッションとして，社会的課題に取り組むこと，経済的成果と社会的成果のダブル・ボトムラインの達成が求め

1. 問題提起

られることに要因がある。

ソーシャル・エンタープライズやソーシャル・アントレプレナーの概念の定義には，基本的に2つの捉え方がある。1つは，社会的な目的やミッションに注目するものである。例えば，イギリスの内閣府第三セクター局（OTS）は，ソーシャル・エンタープライズを次のように定義している。「ソーシャル・エンタープライズとは，主として社会的目的をもったビジネスで，余剰をその社会的目的のために，もしくはコミュニティに再投資するものであり，株主や所有者のために利潤を最大化するものではない」（UK Government, 2006）。同局は，ソーシャル・アントレプレナーを社会変革の志をもって行動する人と定義している。また Borzaga and Defourny (2001) は，ソーシャル・エンタープライズは（とくにヨーロッパの），協同組合と非営利組織（NPO）の特徴が重なり合ったところにあるものと捉え，ソーシャル・エンタープライズは，社会的目的に焦点を当てた新たな社会的企業家精神が求められるとしている。これらの定義は，ソーシャル・アントレプレナーの社会的側面に着目するものである。

もう1つの定義は，社会変革とソーシャル・イノベーションに注目するものである。代表的なソーシャル・アントレプレナー支援組織の1つであるアメリカの Ashoka は，ソーシャル・アントレプレナーを「社会変革のエンジン」，「社会のためのイノベーター」と捉えている[1]。また Dees and Anderson (2006) は，ソーシャル・アントレプレナーとは社会セクターにおいてチェンジ・エージェントの役割を果たす存在で，ソーシャル・ベンチャーを創設し存続させるようなミッションをもった人と捉えている。彼らは，社会的価値を創出するために，ソーシャル・アントレプレナーがビジネスとフィランソロピーの手法を融合させたイノベーションを実行していくことに焦点を当てている。これらの定義は，ソーシャル・アントレプレナーのイノベーションを起こす側面に着目するものではある。

ソーシャル・エンタープライズの概念と組織形態は国（地域）によって様々であり（Borzaga and Defourny, 2001; Kerlin, 2006），法的な文脈，市民社会の成

熟度，政府や他のステイクホルダーとの関係などにも依存する。ソーシャル・エンタープライズの定義や理解も多様ではあるものの，以下の3点が必要不可欠な要素である（谷本編，2006）。

① ソーシャル・ミッション：社会的課題に取り組む目的をもち，社会的ニーズに応えていくこと。社会から支持が得られてこそ，そのビジネスは可能となる。

② ソーシャル・ビジネス：社会的ミッションを市場社会においてわかりやすいビジネス・モデルとして表すこと。ソーシャル・エンタープライズは収益が全く見込めない社会的な領域に踏み込むことは困難であるが，その目的は株主や所有者のために利潤の最大化を図ることではなく，新しい社会的価値の創出にある。

③ ソーシャル・イノベーション：新しい社会的商品・サービスや，社会的課題に取り組むための新しい仕組みを開発すること。

ソーシャル・ビジネスが，新しい社会的価値を生み出していくことは重要なポイントである。社会的ミッションの達成と収益を生み出すビジネスを結びつけることは，容易なことではない。これら2つを結びつけるのが，ソーシャル・イノベーションである。

本章におけるリサーチ・クエスチョンは，「ソーシャル・イノベーションはどのように生み出されるのか」である。この問いに答えるために，まずソーシャル・イノベーションに関する先行研究をレビューした上で，ビジネスのイノベーションに関する研究も参考にしながら，ソーシャル・イノベーションの創出プロセスの分析枠組みを提示する。次に，関係者に対するインタビューによって，日本で最初の市民風車による発電事業に取り組んだ北海道グリーンファンドについて調査を行う。最後に，調査を通じて明らかになったポイントを考察し，結論とインプリケーションを示すことにする。

2. ソーシャル・イノベーション

2.1. ソーシャル・イノベーションの理論

　社会変革をめざすこととビジネスを成功させることは，自動的につながるわけではない。この２つを結びつけ，これまでにない仕組みをつくり新しい活動を展開するソーシャル・アントレプレナーが，イノベーションを生み出していく。ソーシャル・イノベーションとは，必ずしも新しい技術や素材，製品のイノベーションを生み出すことのみならず，新しい仕組みや独自のビジネスモデルを開発することも含まれている。

　イノベーションは一般的に，何か新しいものを生み出し，既存のものに変革をもたらすことと定義される。経済活動のイノベーションとは，経済成果を生み出す革新のことである。Drucker（1985）によると，企業家は何か新しい異質なものを創造して変革をもたらし，価値を変化させる，と指摘している。この考え方は，ソーシャル・アントレプレナーにも適用することができる。またMulgan et al.（2007a）は，ソーシャル・イノベーションを，社会的ニーズに応えるために新しいアイディア，製品，サービス，モデルを開発し実行することと捉えている。本章では，ソーシャル・イノベーションを「社会的課題の解決に取り組むビジネスを通して，新しい社会的価値を創出するイノベーション」と捉える。

　この10年程の間で，ソーシャル・イノベーションに関する研究への関心が高まっている。しかしながら，ソーシャル・イノベーションがどのように生み出されるのかを考察し，ソーシャル・イノベーションのプロセスを分析したアカデミックな研究は，始まったところと言える。Mulgan et al.（2007a）は，通常のビジネスの市場においてイノベーションを駆り立てる競争的圧力が，社

会的領域では弱いか，またほとんどないと論じている。しかしその状況は急速に変りつつある。ソーシャル・アントレプレナーに対するグローバルな注目が高まり，ソーシャル・アントレプレナーとそのイノベーティブな活動を対象とした研究は急速に増えている。

ソーシャル・イノベーションに関する議論は，マクロな制度改革を通じて政治や福祉制度をイノベーティブにつくりかえていくものから（Hämäläinen et al., 2007），ソーシャル・アントレプレナーによるイノベーティブなビジネスモデルまで様々である。Drucker（1985）は，ソーシャル・イノベーションは，技術に限定されるものではなく，保険や医療の枠組みの方が社会により大きな影響を与えると論じている。彼は，既存の企業やベンチャービジネスばかりではなく，公的サービスを提供する機関（政府機関，大学，病院，地域のNPO）のイノベーション戦略も分析している。そこでは，公的機関によるソーシャル・イノベーションの特徴と政策を説明しているが，ソーシャル・イノベーションがどのように創出されるかについて分析しているわけではない。本章では，マクロレベルでの公的機関によるイノベーションではなく，ソーシャル・エンタープライズによるイノベーティブな事業活動に焦点を当て考えていく。

社会的課題に取り組む企業家の新しい動きについて論じた研究がいくつかある。例えば，Westley et al.（2006）は，政府，NPO，ボランティアグループ，金融機関，企業など多様な担い手が，地域のHIV/AIDS問題，犯罪防止，障害者支援などの社会的課題に取り組むイノベーティブなアプローチを分析している。Mulgan et al.（2007a）は，NPO，政府，市場，社会運動，大学，ソーシャルビジネスといった主体が，フェアトレード，ホスピス，遠隔教育，オープン・ユニバーシティ，ウィキペディアに取り組む様々なアプローチの特徴を考察している。これらの研究は，コミュニティレベルでの政治的・社会的課題を取り扱っており，社会変革の構造的メカニズムやソーシャル・イノベーションの意味を分析している。しかしながら，それはビジネス・スキームに焦点を当てたものではない。

ソーシャル・エンタープライズによるソーシャル・イノベーションに焦点を

当てた研究が，急速に活発になっている。例えば Dees（1998）は，ソーシャル・エンタープライズを純粋なチャリティと純粋なビジネスの中間に位置するものと定義している。チェンジ・エージェントとも呼ばれるソーシャル・アントレプレナーは，社会変革をめざして事業機会を見つけ，社会的価値を創出する。彼らにとって，ソーシャル・イノベーションは最も重要な資源であり，社会的ミッションを遂行するための革新的でこれまでにない方法を見つけることである（Dees et al., 2001）。Dees らは，ソーシャル・アントレプレナーとは，社会的価値を生み出すためにソーシャル・ビジネスとフィランソロピーを融合させるイノベーションを促進していく存在と捉えている。しかしながら，Dees らの研究は，ソーシャル・エンタープライズをビジネスとフィランソロピーのハイブリッドと指摘するにとどまり，また主にソーシャル・イノベーションの戦略的マネジメントを概観するものであり，ソーシャル・イノベーションのプロセスを解明するものではない。

　Mulgan et al.（2007b）の研究は，ソーシャル・イノベーションをいかに創出するかに関する議論を展開している。彼らは，ソーシャル・イノベーションがうまく発展するかどうかは，効果的な需要と供給の一致に依存していること，イノベーションは往々にしてシンプルなアイディアや洞察から始まるが，それはソーシャル・アントレプレナー，官僚，第一線のスタッフ，サービス・ユーザー，オブザーバー，ボランティアなど様々な主体から生れている，と指摘している。さらに，より効果的にソーシャル・イノベーションを進展させるキーとなるのは，アイディアの普及にあると言う。ソーシャル・エンタープライズには，「効果的な戦略」（支援者や組織形態に関する選択）と「学習と適応」が必要となる。政府やコミュニティからの「プル要因」と，アイディアをもっている人たちからの「プッシュ要因」をいかにうまく結びつけるかがポイントになると述べている。Mulgan らによると，「効果的な需要」と「効果的な供給」の一致が，社会的インパクトと財務的サステナビリティを同時に実現するイノベーションを生み出すことになると説明する。彼らの研究は，需要と供給の観点から，ソーシャル・イノベーションのマクロの条件とメカニズムを説明

しているが，ソーシャル・アントレプレナーがどのようにソーシャル・イノベーションを創出するかを解明しているわけではない。

Westley et al.（2006）は，ソーシャル・イノベーションは様々な動きの相互作用の中から生まれ，社会を変えていく，そういったプロセスは複雑系の発想から捉えることができると主張している。彼らは，ソーシャル・イノベーションの複雑な力学を理解し，関与する際にキーとなるのが関係性であること，ソーシャル・イノベーションを成功させるためには，そこにかかわる関係者全員が役割を果たさなければならない，と指摘する。システムが変化するにつれて，すべての関係者——出資者，政策立案者，ソーシャル・イノベーター，ボランティア，評価者——が影響を受ける。変化は，人，組織，コミュニティ，システムの一部などの間で起こる。ソーシャル・イノベーションはステイクホルダー間のダイナミックな関係の中で生じるという考え方は，本研究への示唆に富むものである。しかしながら，彼らの複雑系による捉え方はアイディアの域を出ておらず，ソーシャル・イノベーションのメカニズムやプロセスを説明しているわけではない。

Christensen et al.（2006）は，社会変革をもたらす破壊的イノベーションを「触媒的イノベーション」と捉え，「根本的に新しい方法によって社会的課題へのアプローチを行い，スケーラビリティと持続可能性に優れたシステムそのものを変革するような解決策を生み出す組織への支援強化が必要である」と主張している。つまり，イノベーションは，社会サービスが不十分な地域において，ニーズが満たされず十分に公共サービスを受けていない人々に対して，新しい可能性を提供する。例えば，低コストの医療保険，アフォーダブルな教育プログラム，中等学校でのeラーニング，コミュニティカレッジ，マイクロクレジットなど，教育機会へのアクセスが限定的もしくは完全に閉ざされている人々を対象に提供したものが取り上げられている。しかしながら，それは，社会セクターにおける触媒的イノベーションのユニークな特徴を説明しているものの，ソーシャル・イノベーションの生成と発展のプロセス自体を説明しているわけではない。

以上述べてきたように，ソーシャル・イノベーションについては，様々な視点から考察がなされている。しかしながら，本章の目的は，ソーシャル・イノベーションの特徴や意義を述べることではなく，ソーシャル・イノベーションがいかに生み出されるか，そのダイナミックなプロセスを明らかにすることである。

2.2. ソーシャル・イノベーションの創出

以下では，ソーシャル・イノベーションのプロセスを分析するための基本的な枠組みを考えていく。ここで中心となる問いは，「ソーシャル・イノベーションはどこで，誰によって生み出されるのか」ということである。

ビジネスのイノベーション研究では，イノベーションが生み出されるのは，組織内（研究開発部門，プロジェクトチーム）か組織外（ユーザー／顧客，他のアクターとの協働），クローズドかオープンか（Chesbrough, 2003）に焦点が当てられてきた。

社会的課題に取り組むソーシャル・イノベーションのプロセスを解明する本研究には，プロデューサーが主導するイノベーションに関する研究よりも，ユーザーが主導するイノベーションや，ユーザーとプロデューサーが共創するイノベーションに関する研究が参考になる。例えば，Ogawa（1998）は，von Hippel（1994）が提唱した「情報の粘着性仮説」（イノベーションにかかわる情報のコストがイノベーションの起こる場所に影響を与える）の観点からユーザー・イノベーションを説明している。小川（2006）はまた，プロデューサーとユーザーがイノベーションを創出する共創活動が競争的に行われていると言う。von Hippel（2005）は，様々な分野で製品・サービスを提供するプロデューサーによるのではなく，ユーザーのイノベーションを生み出す能力や環境が向上していることを指摘している。Prahalad and Ramaswamy（2004）は，消費者－企業間の相互作用による価値創造のプロセスに着目している。インターネットがグローバルに広がる中で，膨大な量の情報へのアクセスを得た消費者は，

今や既存の地理的・社会的境界線を超えて，オンライン・コミュニティや新しい価値を生み出している。消費者は，企業との相互作用を通して価値共創にかかわるようになっている，と指摘している。

ソーシャル・エンタープライズに関する研究は，これまで主に事例研究をベースに，企業家研究（Barendsen and Gardner, 2004; Bornstein, 2004; Yunus, 2010）や，マネジメント研究（Brinckerhoff, 2000; Dees et al., 2001; Austin et al., 2006; Jäger, 2010）がなされてきた。例えば，1人のカリスマ企業家に着目した研究は，彼らのサクセス・ストーリーに焦点を当てている[2]。しかしながら，多くのソーシャル・イノベーションは，1人の企業家だけで成しえるものではない。これまで，ソーシャル・イノベーションがどのように生み出され，それがどのように社会を変えていくのか，もしくは社会変革にかかわるプロセスの発見に焦点を当てた研究は，ほとんど見られない。

ソーシャル・アントレプレナーはどのように社会システムを変革するのか。彼らはどのように社会的課題を見つけ出し，どこから，どのようにアイディアと資源を得て，新しいビジネスの仕組みを創出し普及させているのか。多くの場合，ソーシャル・イノベーションはユーザーや顧客のみならず，関係する多様なステイクホルダーとの協働によって創出されている。次節で考察する「北海道グリーンファンド」の事例が示すように，ソーシャル・イノベーションは，地域コミュニティにおけるステイクホルダーとのオープンな関係や，協働のプロセスを通して創出されている。本章では，企業家とステイクホルダーの関係，およびソーシャル・イノベーションが創出されるダイナミックなプロセスを分析することに焦点を当てる。

この点について，「制度的企業家が多様な主体の利害との関係的なルールを結んでいく動的なプロセスを読み解いていく視点」が必要である，という松嶋・高橋（2007）の指摘とつながる。このことは，「埋め込まれたエージェンシーのパラドクス」の考え方と密接に関連している。つまり，アクターの意図や関係性が，変革しようとする制度によって条件づけられているとするならば，制度変革はいかにして可能なのか，ということを解読する必要がある

(Dorado, 2005)。それは，企業家が制度に埋め込まれながらも（システムの中心にいるのか周縁にいるのかも含め），その制度を変えるために意義と機会を見出し，資源の獲得を試みることを説明することである。重要な点は，企業家がいかにして起業への動機を得て，様々なステイクホルダーとの関係を構築し，社会変革の可能性を提供するソーシャル・イノベーションを創出していくのか，そのプロセスを解明することである。

3. 調査方法

ソーシャル・アントレプレナーは，社会的・環境的課題を認知し，その問題解決に焦点を当てた新しいソーシャル・ビジネスをスタートさせ，目標達成のため社会的にイノベーティブな仕組みや製品を創り出す。以下では，地域の人々や組織と協働しながらソーシャル・イノベーションがどのように創り出されていくのか，そのプロセスを探っていくことにする。そこで，日本で初めて市民風車による風力発電事業を手がけた環境NPO，北海道グリーンファンドの事例を取り上げ，このプロセスを検討していく。

事例研究は，文脈に則して豊富なデータが集められるので，社会的・組織的プロセスの詳細な理解を必要とするようなリサーチ・クエスチョンに応えるのに適している（Hartley, 2004）。ここでは，1つの事例を詳細に理解することを通して，ソーシャル・イノベーションのプロセスを解明していくことにする。企業家はいかに社会的・環境的課題を認識し，ビジネス・スキームを活用しながらそれらの課題に取り組んでいるのか。ソーシャル・イノベーションを創り出すプロセスで，企業家はどのようにアイディアや資源を獲得し，具体的な形にしていくのか。北海道グリーンファンドの事例を詳細に調査することで，ソーシャル・イノベーションの創出プロセスを明らかにしていく。

杉山さかゑ北海道グリーンファンド理事長（当時，現顧問）への最初のイン

タビューは，市民風車による風力発電事業を立ち上げた2001年6月に行った。それ以降，杉山と鈴木 亨事務局長（当時，現理事長）へのインタビューを年に2-3回行った。このダイナミックに進化していった事業展開を把握するために，彼らのみならず，関係するステイクホルダーの人々にもインタビューを行っている。それらはすべて面接形式で行われた。二次データとして，議事録や内部データや，シンポジウムや講演会での配布資料や講演録も用いた。2つのタイプのデータ・ソース（インタビューと文書を基礎的データ）から，トライアンギュレーションを行った。異なる視点のデータを活用することで，誤った解釈をしないようにした（Stake, 2000）。

その上，北海道グリーンファンドの市民風車プロジェクトへの投資家に対して，なぜ投資を行ったのか，投資後にどのような環境行動の変化があったのかなどについて質問した共同研究者による調査も参考にした（大室, 2009; 谷本他, 2013）。この調査は2009年に行われたが，対象は2005年に建設された4号機，5号機に投資した人々であり，建設から4年が経過している。われわれは，4年という歳月は投資家の態度と価値観にインパクトを与えるのに十分であると判断した。

4. 北海道グリーンファンドにおけるソーシャル・イノベーション

4.1. 社会的課題の認知

北海道グリーンファンドは，1999年7月に札幌市で設立された団体で，反原発運動にとどまるのではなく，エネルギー問題への革新を行うために市民が積極的な役割を果たしていくことを目指している。その発端は，鈴木がグループリーダーを務め，1988年に開始した「さようなら原子力発電の会」という反原発運動に遡ることができる。同会は，杉山が1986年から1998年まで理事

長を務めた生活クラブ生活協同組合・北海道（以下「生協」）の組合員で主に構成されていた。

　杉山と生協組合員らが，チェルノブイリ原子力発電所事故後，共同購入していた地元の無農薬茶から自主基準値を超えるセシウムが検出されたことが，反原発運動のきっかけとなった。その後，組合員らは反対運動を行っても北海道電力が計画していた泊原子力発電所の建設を阻止することができなかったことから，自分たちの現在の努力には限界があることを思い知らされる。彼らは戦略を練り直し，ヨーロッパでオルタナティブなビジネス・スタイルの運動があることを学ぶ。それを参考に，「提案をもって仕掛ける運動スタイル」，「運動を継続させるための事業スタイル」といった活動の基本戦略を再構築した。彼らは，市民風車事業の立ち上げに総力をあげていくこととなった。

　その当時，ヨーロッパでは，市民のイニシアティブで立ち上げられた風力発電事業がすでに普及していた。したがって，北海道グリーンファンドの取り組みは，日本では前例のない試みであったが，世界でこの分野初のイノベーションというわけではない。当時を振り返ると，日本の電力政策は規制が極めて厳しく，地域毎に電力会社が市場を独占していた。1995年に電力市場への自由なアクセスが認められるようになったが，市民による市場参入は北海道グリーンファンドの取り組みがなされるまで見られなかった。彼らは，規制の厳しいエネルギー政策を変える新しいモデルを創ることに情熱を燃やしていた。Redlich（1951）は，独創的で前例のないイノベーションをプライマリー・イノベーション（primary innovation），他の社会経済地域において生み出されたイノベーションを模倣し新しい地域に導入したものを派生的イノベーション（derivative innovation）と説明している。海外のビジネスモデルを国内に移転し成功させることは，社会構造や資源，価値観の違いから容易なことではない。すでに確立されたモデルの単なる模倣（copy）では，イノベーションの導入はうまくいかないだろう。派生的イノベーションを実現させるためには，新しい取り組みをそれぞれの国（地域）に適応させることのできる多様なスキルや努力，まさにイノベーションが求められる。

4.2. ステイクホルダーとの協働

　杉山と鈴木は，北海道グリーンファンドを立ち上げる前に，自然エネルギーを利用した発電の可能性を検討する一方，アメリカで当時すでに普及していたグリーン電力料金制度について東北大学教授長谷川公一から学んだ。彼らはまた，環境エネルギー政策研究所所長飯田哲也からデンマークの地域コミュニティが所有するエネルギー事業の事例を紹介されていた。これらの情報によって，彼らのアイディアは具体化し，先行事例を参考にしながら，日本における風力発電事業の実現可能性を検討し始めた。まず最初に，北海道電力の協力を得てグリーン電力料金制度[3]を導入し成功させるかたわら，ヨーロッパのコミュニティ風力発電事業の事例を調査した。そして，市民による風車の建設・売電計画を盛り込んだビジネスプランの策定に取りかかった。

　その矢先北海道電力は，1999年末，2001年3月までを期限として自然エネルギーを買い取ることを発表した。北海道グリーンファンドの理事たちは，「このチャンスを逃すと次はいつかわからない」として，事業化に向けて急いで動き出すことになった。しかし，彼らは，市民風力発電事業の準備を進めていく中で，数々の運営上の困難に直面する。とくに，資金調達が最も困難な課題であった。風車1基を購入し建設するのに，およそ2億円が必要であり，そのような巨額の資金を寄付で集めるのは不可能であった。さらに，NPO法人の制度的制約性で，市場から出資を募ることはできない。そこで北海道の銀行と交渉を重ねた結果，北洋銀行から融資を検討してもよいという返事を受ける。ただし，新しい事業会社を設立して責任の所在を明らかにし，自己資金を6,000万円用意できるならば，1億4,000万円の融資を行ってもよいという条件であった。

　その後，北海道グリーンファンドは，市民風力発電事業を展開するために市場から資金調達を行う匿名組合方式の事業会社，㈱北海道風力発電を設立した。匿名組合は，資金調達のため契約に基づいたリミテッド・パートナーシッ

プによる法人で，出資者の氏名は公表しないものである。この法人設立におけるアドバイスや法的サポートをしてくれたのは，弁護士でさくら共同法律事務所の創設者でもある河合弘之である。同事業に関心をもっていた河合は，のちに北海道グリーンファンドが設立した㈱自然エネルギー市民ファンド（全国の市民風車の動きをネットワークする目的で 2003 年設立）の監査役に就任している。また自然エネルギーの専門家である飯田哲也は，この市民風車事業に積極的にかかわり，その後の事業展開において専門的なアドバイスを行う重要な存在となっていった。

　2001 年 2 月，㈱北海道市民風力発電が，株主 14 名（個人 13 名，法人 1 団体＝北海道グリーンファンド）で正式に発足した。同社のビジネスプラン策定を引っ張ってきた鈴木 亨が社長に就任した。同社は合議制をとっており，社長の鈴木 亨と副社長の杉山さかる，柏 陽太郎（脱原発市民の会代表）の 3 人が会社の代表権をもつ形となった。14 名の株主は議決権をもち，その利益は事業に再投資される。その他多くの出資者は，匿名組合方式による会社の事業への出資ということで，株主としての議決権はないが，配当を受け取ることになる。このように，北海道グリーンファンドは事業会社を設立し，2 つの異なる組織形態，すなわち NPO 法人と株式会社を組み合わせ，市民風車事業を行っていくことになった。こういった組織戦略を，「組織ポートフォリオ」と呼ぶことができる（谷本編，2006; Tanimoto and Doi, 2007）。北海道グリーンファンド（NPO）は主に環境に関するアドボカシー活動に重点を置く一方で，北海道市民風力発電（株式会社）は資金調達と風車の保守管理に重点を置いて活動を行っている。

　2000 年 12 月から 1 口 500,000 円の出資の募集を始めたところ，反響は大きく，最初の 1 ヵ月だけで約 1 億円の資金を集めることができた。さらに札幌市では，自発的な「市民風車サポーターの会」が結成された。同会は，最低 1 口 5 万円の出資を募って，これを最低出資金額になるよう 10 口にまとめる仕組みをつくり，市民風車事業を応援した。2001 年 5 月から 7 月の 3 ヵ月で，500万円を集めることに成功した。このような支援のネットワークによって運動に

弾みがつき，市民風車事業は短期間で地域に知れわたり，支援を得ることができた。

2001年9月までに，匿名組合に出資した個人200名，法人17団体から集まった総額は1億5,650万円に達した。それにグリーン電力料金制度によるファンドに，労働組合などからの寄付を含む1,000万円をプラスし，事業資金は合計1億6,650万円となった。その上で，北洋銀行から7,000万円の融資を受けて，遂に2001年9月，日本で最初の市民風車（出力990kw）が，北海道浜頓別町に建設された。

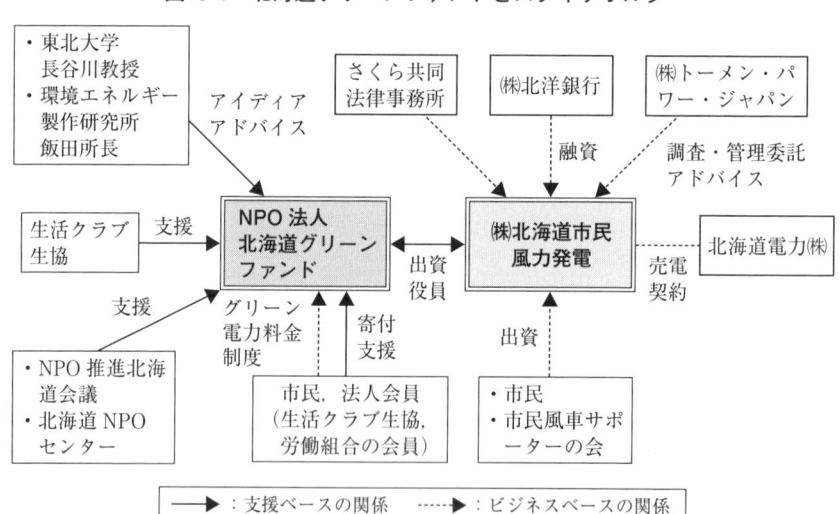

図 8-1 北海道グリーンファンドとステイクホルダー

以上のように，多くの人々や組織が，北海道グリーンファンドの市民風車事業を支えた。創設時には，北海道NPOセンターを始めとする市民社会組織は全面的な支援を行った。株式会社トーメン・パワー・ジャパンの電力事業本部長（当時）であった堀 俊夫は，最適な建設地の提案や，建設に関する調査・技術的アドバイスなどを通して積極的に協力した。また，同社の大谷 明は，のちに北海道グリーンファンドに参画し，風力発電事業の開発・管理運営に主

要な役割を果たすことになる。図 8-1 は，北海道グリーンファンドと主要ステイクホルダー間の関係を示したものである。

4.3. 経験の共有

北海道グリーンファンドの事例において，なぜステイクホルダーからの協力的な活動や資金調達に成功したのか。その要因には，主に次の2つが挙げられる。

① 市民の原子力に対する意識と批判的な姿勢
② 日本初の市民風車事業に対する市民の期待

市民風車事業を立ち上げるに当って，様々な目的をもったステイクホルダーが集まり，共通の経験を通じて共有した価値を基に協働していた。杉山・鈴木らの取り組みに賛同したステイクホルダーが，その事業活動に参画し，共通の経験を共有することが，ソーシャル・イノベーション創出の重要な要因になっていると言える。ステイクホルダーの関心と結びついたソーシャル・イノベーションによって，社会システムや価値の変化をもたらすことが可能になる。飯田他（2003）が，最初の市民風車の出資者に行った調査によると，多くの回答者が，地域の環境・エネルギー問題解決の一翼を担いたいという思いから出資したと答えている。とくに「地球温暖化防止」75.2％，「原子力のない社会」74.2％，となっていた（複数回答）。風車が建設された村の住民の1人は，「風は，これまで村の生活にとって邪魔な存在でしかなかったけれど，（市民風車ができて）今では誇りに思う」と述べている。

筆者の共同研究者が中心になって，2005年に建設された4号機，5号機の出資者を対象に，2009年に行った調査では，興味深い結果が出ている（大室，2009；大室・大平，2013；谷本他，2013）。アンケートは，出資者596人に送付し，回答者は330人（53.36％）であった[(4)]。出資した理由上位5つと，出資後の環境に関する行動変化上位5つを示している。

まず表 8-1 は，出資者が北海道グリーンファンドの市民風車事業に出資した

表 8-1　出資を決めた理由　　　　（単位：%）

1	原子力のない社会	34.2
2	地球温暖化防止	23.3
3	社会目的への投資	16.8
4	寄付ではなく投資だから	11.2
5	NPOの活動の支援	3.4

理由を示している。「原子力のない社会」34.2%,「地球温暖化防止」23.3%,「社会目的への投資」16.8%との回答が見られた。とりわけ関心を引いたのは,環境要因には直接関連しない回答がいくつかあったことである。「寄付ではなく投資だから」11.2%,「NPOの活動の支援」3.4%などである。

「寄付ではなく投資だから」を回答に選んだ人には,その理由も聞いている。「配当を支払わないといけないので事業をうまく管理していくと思われるから」27.3%,「寄付はどのように配分されているのか不明だから」23.3%,「配当金が魅力的だから」16.1%,となっている。

出資後,何らかの行動に変化があったと回答した人は279名(85%),出資前から環境配慮行動をとっていたので,出資後に変ったというわけではないという人は51名(15%)であった。表8-2は,出資後4年が経過して,出資者の環境面の行動・価値観にどのような変化が起こっているのかを示したものである(複数回数)。「行動変化」があったと答えた人に対して,出資後に環境面での行動にどのような変化があったのかに対する上位の回答が,「自宅で節電」64.8%,「環境に配慮した商品の購入」56.1%「身近な人とエネルギー問題について話し合う」56.8%,「環境にやさしい企業の商品の購入」49.4%,となって

表 8-2　出資者の環境面での行動変化　　（単位：%）

1	自宅で節電	64.8
2	環境に配慮した商品の購入	56.1
3	エネルギー問題を話し合うようになった	56.8
4	環境にやさしい企業の商品の購入	49.4
5	環境活動や自治会等への参加	22.7

いる。出資者の環境的・社会的課題に対する認識について，北海道グリーンファンドの活動に出資したり，かかわったりした経験が影響を及ぼしていた。出資者の中には，北海道グリーンファンドのその後の活動やマスメディアの報道を通して，市民風車事業の社会的インパクトを知った，学んだという人もいた。中には，この事業にかかわることで環境問題の重要性を認識し，自ら環境活動にかかわっていった人もいた。社会的価値を創出し，ソーシャル・イノベーションを普及していくプロセスにおいて，経験を共有し広げていくことが重要といえる。

市民風車第1号機の建設の経験と仕組みに基づいて，その後新たな風車の建設が続いた。他の地域の人たちも，北海道グリーンファンドの活動に刺激を受け，市民風車発電所を建設していったのである。これはイノベーションが他地域に普及し始めたことを示している。2003年2月に，北海道グリーンファンドは，市民風車の普及と支援を行う新しいネットワークをつくるため，先に触れた㈱自然エネルギー市民ファンドを設立した。こうして市民風車事業は第2段階へと入り，この仕組みが日本の他地域にも普及していくことになる（その後の展開は，谷本他（2013）参照）。

5. 結　　論

北海道グリーンファンドの事例は，地域でソーシャル・イノベーションを生み出すプロセスにおいて，企業家を中心に経験を共有していくステイクホルダーとの間に協力関係が築かれていったことを示している。ソーシャル・アントレプレナーは，社会的ミッションに基づいて，ステイクホルダーから多様なアイディアや資源を獲得し，協働しながら新たな事業を始めている。1人のカリスマ企業家だけではなく（ここでは杉山，鈴木を中心とした企業家チーム），多様なステイクホルダーによって，ソーシャル・イノベーションが生み出され，発

展している。この関係性を見ていくと，地域において「ソーシャル・イノベーション・クラスター」(谷本編, 2006) とでも言うことのできる構造が形成されていることがわかる。ソーシャル・イノベーション・クラスターとは，ソーシャル・エンタープライズを中心に，中間支援組織，資金提供機関，大学，研究機関などが地理的に集中し，協力的な関係を構築していくような組織の集積状態を指す。地域で協力的な関係がつくられることで，新たなソーシャル・ビジネスが誕生し，社会的課題に対してイノベーティブな解決策と社会的価値が生み出されていく。ソーシャル・イノベーション・クラスターは産業クラスターと似ている部分もあるが，社会的ミッションをベースとしてよりオープンで，柔軟で，コミュニティに根ざしている。それがゆえに，産業クラスターほど明確なシステムとしてクラスターを捉えることは難しいと言える。図 8-2 はソーシャル・エンタープライズとクラスター内のステイクホルダーを示している。

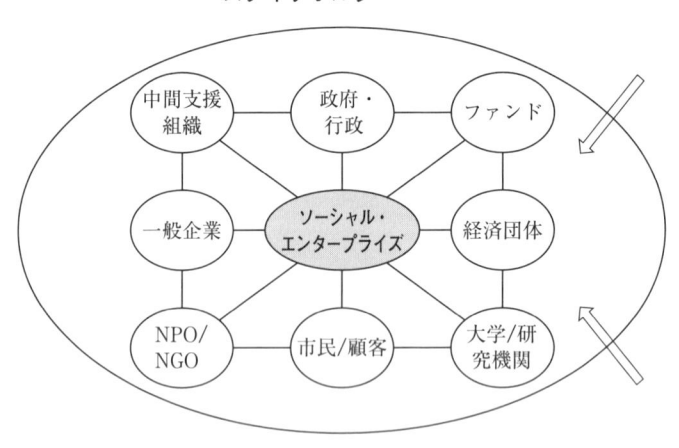

図 8-2　ソーシャル・エンタープライズと
ステイクホルダー

ソーシャル・エンタープライズは，事業活動を通してステイクホルダーに影響を与えると同時に，ステイクホルダーから受け入れられなければ存在することができない。企業家は，ステイクホルダーとの関係を通して，社会的課題を

知り，解決へのアイディアを形にしていく。ステイクホルダーは，事業活動を介して社会的課題を知り，理解するようになる。

　新しい社会的価値は，ソーシャル・エンタープライズが社会的メッセージをもって提供する製品・サービスを人々が購入するプロセスを通して実現する。このメッセージに出会った人々は，社会的課題に対する意識や関心の高まりを経験することになる。社会的課題の重要さを認知するようになった人々は，互いに価値観を共有し，地域や社会的課題に関連した活動にかかわっていくようになる。言い換えれば，社会的価値は人々の経験や実践を通じて実現するのである。北海道グリーンファンドの事例においては，その活動に共感して出資した人もいれば，金利の良さから出資した人もいた。しかし出資後，風車建設のプロセスを目の当たりにして，またマスメディアの記事や番組を通じてその社会的インパクトを知ったという人もいた。ソーシャル・ビジネスにかかわるという経験を通して，人々の環境に対する意識は，徐々に変化していったと言える。例えば，省エネへの取り組み，環境配慮型商品の購入，さらに環境問題に関する地域プログラムへの参加，といった行動面での変化が見られるようになった人も多い。これは，Prahalad and Ramaswamy（2004）が提唱した「経験イノベーション」のスタイルに近いものと言える。図 8-3 は，このソーシャル・イノベーションのプロセスを表したものである。このプロセスは基本的に 2 つの部分，ソーシャル・イノベーションの創出と普及に分けることができる。

図 8-3　ソーシャル・イノベーションのプロセス

創出プロセス　　　　　　　　　　普及プロセス

社会的課題の認知 → ソーシャル・ビジネスの開発 → 市場社会からの支持 → ソーシャル・イノベーションの普及

(1) 新しい社会的商品・サービスの開発
(2) ユニークな仕組みの開発

新しい社会的価値の提案 → 市場社会（ステイクホルダー）からの支持

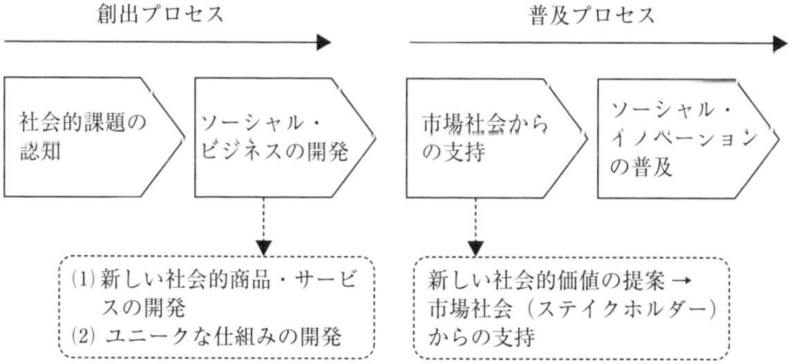

本章では，ソーシャル・アントレプレナーが地域コミュニティにおける様々なステイクホルダーと協働することによって，ソーシャル・イノベーションを生み出していくプロセスを解明し，新たな発見事実を示すことができた。このことは，次の実践的インプリケーションを示唆している。地域コミュニティの社会的課題の解決には，地域のステイクホルダーを巻き込み，協働していく仕組みが必要である。個人の有する資源やアイディア，経営スキルには限界があるからこそ，ソーシャル・アントレプレナーはイノベーティブな仕組みづくりのため，様々なステイクホルダーと創造的な関係を築き，発展させていかなければならない。ソーシャル・アントレプレナーは，社会的課題に取り組む際には，何人かのキーとなるステイクホルダーに出会い，協働的な関係をつくることを通して，彼らから支援を得ている。

　最後に，本章にはいくつかの課題もある。第1に，本研究は1つの事例に焦点を当てたものであること。今後の研究において，ソーシャル・イノベーションのマルチ・ステイクホルダー・プロセスを検証するような他の事例を調査することが必要である。第二に，ソーシャル・イノベーションの普及プロセスの調査に取り組むことも今後の課題である。この2点を踏まえた研究の展開は，谷本他（2013）を参照のこと。

(1) http://www.ashoka.org
(2) 日本のソーシャル・アントレプレナーを紹介する書きものの中には，書き手が本人にだけ，限られた時間インタビューしたものも少なくない。
(3) グリーン電力料金制度とは，加入者が月々の電気料金に5%分の「グリーン料金」を加えた額を北海道グリーンファンドに支払い，北海道グリーンファンドは会員の電気料金をまとめて北海道電力に支払い，5%分を自然エネルギー普及（風力発電）のための基金にするという仕組みである。5%の上乗せについては，その分節電し実質負担なしで基金が設立できる，というアイディアである。もっともこの制度を設計し，実施していくに当たっても，様々な課題があったが，その成功をきっかけに，全国に広がって行く。詳しくは，谷本他（2013）参照。
(4) この調査結果の詳しい分析は，谷本他（2013）参照。

引用文献

AccountAbility (2005) *AA1000 Stakeholder Engagement Standard, Exposure Draft*, AccountAbility, London.

Aguilera, R. V. and Jackson, G. (2003) "The Cross-National Diversity of Corporate Governance: Dimensions and Determinants", *Academy of Management Review*, Vol. 28, No. 3, pp. 447-465.

Aguilera, R. V., Rupp, D. E., Williams, C. A. and Ganapathi, J. (2007) "Putting the S back in Corporate Social Responsibility: A Multilevel Theory of Social Change in Organizations", *Academy of Management Review*, Vol. 32, No. 3, pp. 836-863.

Ahmadjian, C.L. and Robbins, G.E. (2005) "A Clash of Capitalisms: Foreign Shareholders and Corporate Restructuring in 1990s Japan", *American Sociological Review*, Vol. 70, No. 3, pp. 451-471.

Ahmadjian, C.L. and Robinson, P. (2001) "Safety in Numbers: Downsising and the Deindustrialization of Permanent Employment in Japan", *Administrative Science Quarterly*, Vol. 46, No. 4, pp. 622-654.

Aldrich, H. (1979) *Organisations and Environments*, Prentice-Hall, Englewood Cliffs, NJ.

Allouche, J. (ed.) (2006) *Corporate Social Responsibility*, Vol. 1 and Vol. 2. Palgrave, Hampshire.

Amabile, T. M. (1998) "How to Kill Creativity", *Harvard Business Review*, Vol. 76, Issue 5, pp. 77-87.

Ambastha, A. and Momaya, K. (2004) "Competitiveness of Firms: Review of Theory, Frameworks and Models", *Singapore Management Review*, Vol. 26, No. 1, pp. 45-61.

Arthur, M. M. (2003) "Share Price Reactions to Work-family Initiatives: An Institutional Perspective", *Academy of Management Journal*, Vol. 46, No. 4, pp. 497-505.

ASrIA (ed.) (2003) *Foreign Versus Local: The Debate About SRI Priorities in Japan. Association for Sustainable & Responsible Investment in Asia*, Hong Kong.

Austin, J., Gutierrez, R., Ogliastri, E. and Reficco, E. (Eds.) (2006) *Effective Management of Social Enterprises: Lessons from Businesses and Civil Society Organizations in Iberoamerica*, Harvard University Press, Cambridge, MA.

Bamberg, Sebastian (2003) "How Does Environmental Concern Influence Specific Environmentally Related Behaviors? A New Answer to an Old Question", *Journal of Environmental Psychology*, Vol. 23, Issue 1, pp. 21-23.

Bansal, P. and Roth, K. (2000) "Why Companies Go Green: A Model of Ecological Responsiveness", *Academy of Management Journal*, Vol. 43, No. 4, pp. 717-736.

Bardoel, E. A., Moss, S. A., Smyrnios, K. and Tharenou, P. (1999) "Employee Characteristics

Associated with the Provision of Work-Family Policies and Programs", *International Journal of Manpower*, Vol. 20, No. 8, pp. 563-576.

Barendsen, L. and Gardner, H. (2004) "Is the Social Entrepreneur a New Type of Leader?", *Leader to Leader*, No. 34, pp. 43-50.

Barin-Cruz, L. and Michael-Boehe, D. (2010) "How do Leading Retail MNCs Leverage CSR Globally? Insights from Brazil", *Journal of Business Ethics*, Vol. 91, Issue 2, Supplement, pp.243-263.

Barney, J. (1991) "Firm Resources and Sustained Competitive Advantage", *Journal of Management*, Vol. 17, No. 1, pp. 99-120.

Barney, J., Wright, M. and Ketchen, D. J. (2001) "The Resource-Based View of the Firm: Ten Years After 1991", *Journal of Management*, Vol. 27, No. 6, pp. 625-641.

Bazerman, M. H. and Tenbrunsel, A. E. (2011) *Blind Spots: Why We Fail to Do What's Right and What to Do about It*, Princeton University Press, Princeton. (池村千秋訳『倫理の死角』NTT出版, 2013年)

Bellak, C. (2004) "How Performance Gaps Between Domestic Firms and Foreign Affiliates Matter for Economic Policy", *Transnational Corporations*, Vol. 13, No. 2, pp 29-55.

Beltratti, A. (2005) "The Complementarity Between Corporate Governance and Corporate Social Responsibility", *Geneva Papers on Risk and Insurance-Issues and Practice*, Vol. 30, No. 3, pp. 373-386.

Bernhagen, P. and Mitchell, N. J. (2010) "The Private Provision of Public Goods: Corporate Commitments and the United Nations Global Compact", *International Studies Quarterly*, Vol. 54, Issue 4, pp. 1175-1187.

Bhagat, R.S., Kedia, B.L., Harveston, P.D. and Triandis, H.C. (2002) "Cultural Variations in the Cross-Border Transfer of Organisational Knowledge: An Integrative Framework", *Academy of Management Review*, Vol. 27, No. 2, pp. 204-221.

Bhimani, A. and Soonawalla, K. (2005) "From Conformance to Performance: The Corporate Responsibilities Continuum", *Journal of Accounting and Public Policy*, Vol. 24, No. 3, pp. 165-174.

Blair, M. M. and Stout, L. A. (2001) "Corporate Accountability: Director Accountability and the Mediating Role of the Corporate Board", *Washington University Law Quarterly*, Vol. 79, Part 2, pp. 403-448.

Bornstein, D. (2004) *How to Change the World: Social Entrepreneurs and the Power of New Ideas*, Oxford University Press, Oxford, NY. (有賀裕子訳『世界を変える人たち―社会起業家たちの勇気とアイデアの力』ダイヤモンド社, 2007年)

Borzaga, C. and Defourny, J. (2001) *The Emergence of Social Enterprise*, Routledge, London. (内山哲朗・石塚秀雄・柳沢敏勝訳『社会的企業』日本経済評論社, 2004年)

Brinckerhoff, P. C. (2000) *Social Entrepreneurship: the Art of Mission-Based Venture Development*, John Wiley & Sons, New York.

Brinton, M. C. (1988) "The Social-institutional Bases of Gender Stratification: Japan as an

Illustrative Case", *American Journal of Sociology*, Vol. 94, No. 2, pp. 300-334.
Budd, J. W. and Mumford, K. (2004) "Trade Unions and Family-Friendly Policies in Britain", *Industrial & Labor Relations Review*, Vol. 57, No. 2, pp. 204-222.
Budd, L. and Hirmis, A. K. (2004) "Conceptual Framework for Regional Competitiveness", *Regional Studies*, Vol. 38, Issue 9, pp. 1015-1028.
Caby, J. and Chousa, J. P. (2006) "Voluntary Disclosure of Non-financial Information and CSR", in Allouche, J. (Ed.), *Corporate Social Responsibility*, Palgrave Macmillan, New York, pp. 205-218.
Cadbury, A. (2000) "The Corporate Governance Agenda", *Corporate Governance: An International Review*, Vol. 8, No. 1, pp. 7-15.
Carlisle, Y. M. and Faulkner, D. O. (2005) "The Strategy of Reputation", *Strategic Change*, Vol. 14, Issue 8, pp. 413-422.
Carrington, M. J., Neville, B. A. and Whitwell, G. J. (2010) "Why Ethical Consumers Don't Walk Their Talk: Towards a Framework for Understanding the Gap between the Ethical Purchase Intentions and Actual Buying Behaviour of Ethically Minded Consumers", *Journal of Business Ethics*, Vol. 97, Issue 1, pp. 139-158.
Carroll, A. B. (1979) "A Three-Dimensional Conceptual Model of Corporate Performance", *Academy of Management Review*, Vol. 4, No. 4, pp. 497-505.
Carroll, A. B. (1999) "Corporate Social Responsibility", *Business and Society*, Vol. 38, No. 3, pp. 268-295.
Carter, A., Simkins, B. and Simpson, W. (2003) "Corporate Governance, Board Diversity, and Firm Value", *The Financial Review*, Vol. 38, Issue 1, pp. 33-53.
Chand, M. and Fraser, S. (2006) "The Relationship Between Corporate Social Performance and Corporate Financial Performance: Industry Type as a Boundary Condition", *The Business Review*, Vol. 5, No. 1, pp. 240-245.
Chesbrough, H. W. (2003) *Open Innovation: the New Imperative for Creating and Profiting from Technology*, Harvard Business School Press, Boston. (大前恵一朗訳『OPEN INNOVATION―ハーバード流イノベーション戦略のすべて』産業能率大学出版部, 2004年)
Christensen, C. M., Baumann, H., Ruggles, R. and Sadtler, T. M. (2006) "Disruptive Innovation for Social Change", *Harvard Business Review*, Vol. 84, Issue 12, pp. 94-101.
Collins, C. J. and Porras I. J. (1996) "Building Your Company's Vision", *Harvard Business Review*, Vol. 74, Issue 5, pp. 65-77.
Collins, J. C. and Porras, J. I. (1994) *Built to Last: Successful Habits of Visionary Companies*, HarperCollins, New York. (山岡洋一訳『ビジョナリー・カンパニー』日経BP社, 1995年)
Commission on Global Governance (1995) *Our Global Neighbourhood*, Oxford University Press. (京都フォーラム監訳『地球リーダーシップ―新しい世界秩序をめざして―グローバル・ガバナンス委員会報告書』日本放送出版協会, 1995年)

Copeland, T. E., Koller, T. and Murrin, J. (2000) *Valuation: Measuring and Managing the Value of Companies*, 3rd ed., New York, Wiley.

Cramer, J., Van Der Hiejden, A. and Jonker, J. (2006) "Corporate Social Responsibility: Making Sense Through Thinking and Acting", *Business Ethics*, Vol. 15, Issue 4, pp. 380-389.

Daily, C. M., Dalton, D. R. and Cannella, A. A., Jr. (2003) "Corporate Governance: Decades of Dialogue and Data", *Academy of Management Review*, Vol. 28, No. 3, pp. 371-382.

David, P., Yoshikawa, T., Chari, M.D. and Rasheed, A.A. (2006) "Strategic Investments in Japanese Corporations: Do Foreign Portfolio Owners Foster Under-Investment or Appropriate Investment?", *Strategic Management Journal*, Vol. 27, Issue 6, pp. 591-600.

D'Cruz, J. and Rugman, A. (1992) *New Concepts for Canadian Competitiveness*, Kodak, Canadá.

De Rond, M. and Bouchikhi, H. (2004) "On the Dialectics of Strategic Alliances", *Organization Science*, Vol. 15, Issue 1, pp. 56-69.

Dees, J. G. (1998) "Enterprising Nonprofits", *Harvard Business Review*, Vol. 76, Issue 1, pp. 54-67.

Dees, J. G. and Anderson, B. B. (2006) "Framing a Theory of Social Entrepreneurship: Building on Two Schools of Practice and Thought", in Mosher-Williams, R. (Ed.), *Research on Social Entrepreneurship, ARNOVA Occasional Paper Series*, Vol. 1, No. 3, Aspen Institute, Washington, D.C., pp. 39-66.

Dees, J. G., Emerson, J. and Economy, P. (2001) *Enterprising Nonprofits: A Toolkit for Social Entrepreneurs*, John Wiley & Sons, New York.

Deloitte (2009) *Global Powers Retailing 08*, Deloitte Report.

DiMaggio, P. J. and Powell, W. W. (1983) "The Iron Cage Revisited: Institutional Isomorphism and Collective Rationality in Organizational Fields", *American Sociological Review*, Vol. 48, No. 2, pp. 147-160.

Donaldson, T. and Dunfee, T. W. (1994) "Toward a Unified Conception of Business Ethics: Integrative Social Contracts Theory", *Academy of Management Review*, Vol. 19, No. 2, pp. 252-284.

Donaldson, T. and Preston, L. E. (1995) "The Stakeholder Theory of the Corporation: Concepts, Evidence, and Implications", *Academy of Management Review*, Vol. 20, No. 1, pp. 65-91.

Dorado, S. (2005) "Institutional Entrepreneurship, Partaking, and Convening", *Organization Studies*, Vol. 26, No. 3, pp. 385-414.

Dore, R. P. (1993) "What Makes Japan Different?" In Crouch, C. & Marquand, D. (eds.), *Ethics and Markets: Cooperation and Competition within Capitalist Economies*, Wiley-Blackwell, Oxford, UK, Cambridge, MA.

Dore, R. P. (2000) *Stock Market Capitalism: Welfare Capitalism: Japan and Germany versus the Anglo-Saxons*, Oxford University Press, Oxford. (藤井眞人訳『日本型資本主義と市場主義の衝突』東洋経済新報社, 2001年)

Draper, S. (2006) "Key Models for Delivering Sector-Level Corporate Responsibility", *Corporate Governance*, Vol. 6, Issue 4. pp. 409-419.

Drucker, P. F. (1985) *Innovation and Entrepreneurship: Practice and Principles*, Harper & Row, New York. (上田惇生, 佐々木実智男訳『イノベーションと企業家精神—実践と原理』ダイヤモンド社, 1985年)

EC (2001) *Promoting a European Framework for Corporate Social Responsibility*, Commission of the European Communities.

EC (2002) *Communication on Corporate Social Responsibility Business Contribution to Sustainable Development*, Commission of the European Communities.

EC (2004) *National Sustainable Development Strategies in the European Union*, European Commission Staff Working Document.

EC (2011) *A renewed EU strategy 2011-14 for Corporate Social Responsibility*, Commission of the European Communities.

Eisenhardt, K. M. (1989) "Building Theories From Case Study Research", *Academy of Management Review*, Vol. 14, No. 4, pp. 532-550.

Elkington, J. (1995) *Who Needs It? Market Implications of Sustainable Lifestyles*, London, SustainAbility Ltd.

Elkington, J. (1997) *Cannibals with Forks: The Triple Bottom Line of 21st Century Business*, Capstone, Oxford.

Elkington, J. (2006) "Governance for Sustainability", *Corporate Governance: an International Review*, Vol. 14, No. 6, pp. 522-529.

Epstein, M. J. (2008) *Making Sustainability Work: Best Practices in Managing and Measuring Corporate Social, Environmental and Economic Impacts*, Greenleaf, Sheffield.

Fan, Y. (2005) "Ethical Branding and Corporate Reputation", *Corporate Communications: An International Journal*, Vol. 10, Issue 4, pp. 341-350.

Fernández, P. (2002) "Company Valuation Methods: The Most Common Errors in Valuations", Working Paper, No. 449, IESE.

Fombrun, C. J. (1996) *Reputation: Realizing Value from the Corporate Image*, Harvard Business School Press, Boston.

Fox, T., Ward, H., and Howard, B. (2002) "Public Sector Roles in Strengthening Corporate Social Responsibility: A Baseline Study", The World Bank, Washington, DC.

Frederick, W. C. (1994) "From CSR1 to CSR2: The Maturing of Business-and-Society Thought", *Business & Society*, Vol. 33, No. 2, pp. 150-164.

Freeman, R. E. (1984) *Strategic Management: A Stakeholder Approach*, Pitman Publishing, Boston.

Freeman, R. E. and Evan, W. M. (1990) "Corporate Governance: A Stakeholder

Interpretation", *Journal of Behavioural Economics*, Vol. 19, Issue 4, pp. 337-359.
Freeman, R.E. (1999) "Divergent stakeholder theory", *Academy of Management Review*, Vol. 24, Issue 2, pp. 233-236.
Friedman, M. (1962) *Capitalism and Freedom*, University of Chicago Press, Chicago. (村井章子訳『資本主義と自由』日経BP社, 2008年)
Friedman, S. D. and Greenhause, J. H. (2000) *Work and Family-Allies or Enemies?: What Happens When Business Professionals Confront Life Choices*, Oxford University Press, Oxford, NY.
Fukukawa, K. (Ed.) (2009) *Corporate Social Responsibility in Asia*, Routledge, Abingdon.
Fukukawa, K. and Moon, J. (2004) "A Japanese Model of Corporate Social Responsibility? A Study of Website Reporting", *Journal of Corporate Citizenship*, Issue 16, pp. 45-59.
Fukukawa, K. and Teramoto, Y. (2009) "Understanding Japanese CSR: The Reflections of Managers in the Field of Global Operations", *Journal of Business Ethics*, Vol. 85, Issue 1, Supplement, pp. 133-146.
Gardberg, N.A. and Fombrun, C.J. (2006) "Corporate Citizenship: Creating Intangible Assets Across Institutional Environments", *Academy of Management Review*, Vol. 31, No. 2, pp. 329-346.
Gedajlovic, E., Yoshikawa, T. and Hashimoto, M. (2005) "Ownership Structure, Investment Behaviour and Firm Performance in Japanese Manufacturing Industries", *Organisation Studies*, Vol. 26, No. 1, pp. 7-35.
Glass, J. L. and Estes, S. B. (1997) "The Family Responsive Workplace", *Annual Review of Sociology*, Vol. 23, pp. 289-313.
Global Reporting Initiative (2002) Global Reporting Initiative Sustainability Reporting Guidelines.
Global Reporting Initiative (2013) G4 Sustainability Reporting Guideline; Reporting Principles and Standard Disclosures.
Goodstein, J. D. (1994) "Institutional Pressures and Strategic Responsiveness: Employer Involvement in Work-Family Issues", *Academy of Management Journal*, Vol. 37, No. 2, pp. 350-382.
Gordon, G. G. (1991) "Industry Determinants of Organizational Culture", *Academy of Management Review*, Vol. 16, No. 2, pp. 396-415.
Goss, T., Pascale, R., and Athos, A. (1993) "The Reinvention Roller Coaster: Risking the Present for a Powerful Future", *Harvard Business Review*, Vol.71, Issue 6, pp. 97-108.
Grant, R. M. (2000) *Contemporary Strategy Analysis*, 3rd ed., Blackwell Publishers, Massachusetts.
Greenhaus, J. H. and Parasuraman, S. (1999) "Research on Work, Family and Gender: Current Status and Future Directions", in Powell, G. N. (Ed.), *Handbook of Gender and Work*, Sage, Thousand Oaks, CA, pp. 391-412.
Gregoratti, C. (2013) "The United Nations Global Compact and Development", Reed, D.,

Utting, P. and Mukherjee Reed, A., *Business Regulation and Non-State Actors*, Rougledge, Abingdon, pp. 95-107.

Griffin, J.J. and Mahon, J.F. (1997) "The Corporate Social Performance and Corporate Financial Performance Debate: 25 Years of Incomparable Research", *Business and Society*, Vol. 36, No. 1, pp. 5-31.

GSIA (2012), *2012 Global Sustainable Investment Review*, Global Sustainability Investment Alliance.

Haberberg, A. and Rieple, A. (2007) *Strategic Management: Theory and Application*, Oxford University Press, Oxford.

Haigh, M. and Jones, M. T. (2006) "The Divers of Corporate Social Responsibility: A Critical Review", *The Business Review*, Cambridge, Vol. 5, Issue 2, pp. 245-251.

Hall, D. T. and Parker, V. A. (1993) "The Role of Workplace Flexibility in Managing Diversity", *Organizational Dynamics*, Vol. 22, No. 1, pp. 4-18.

Hall, P.A. and Soskice, D. (eds.) (2001) *Varieties of Capitalism*, Oxford University Press, Oxford.（遠山弘徳，安孫子誠男，山田鋭夫，宇仁宏幸，藤田菜々子訳『資本主義の多様性：比較優位の制度的基礎』ナカニシヤ出版，2007年）

Hämäläinen, T. J. and Heiskala, R. (Eds.) (2007) *Social Innovations, Institutional Change, and Economic Performance: Making Sense of Structural Adjustment Processes in Industrial Sectors, Regions, and Societies*, Edward Elgar, Northampton.

Hamao, Y. and Mei, J. (2001) "Living with the 'Enemy': An Analysis of Foreign Investment in the Japanese Equity Market", *Journal of International Money and Finance*, Vol. 20, Issue 5, pp. 715-735.

Hamel, G. and Prahalad, C. K. (1989) "Strategic Intent", *Harvard Business Review*, Vol. 67, Issue 3, pp. 63-78.

Handy, C. (2002) "What's a Business for", *Harvard Business Review*, Vol. 80, Issue 12, pp. 49-60.

Harrison, J. S. and Freeman, R. E. (1999) "Stakeholders, Social Responsibility and Performance: Empirical Evidence and Theoretical Perspectives", *Academy of Management Journal*, Vol. 42, Issue 5, pp. 479-485.

Hartley, J. (2004) "Case Study Research", in Cassell, C. and Symon, G. (Eds.) (2004) *Essential Guide to Qualitative Methods in Organizational Research*, Sage, Thousand Oaks, CA.

Heath, J. and Norman, W. (2004) "Stakeholder Theory, Corporate Governance and Public Management", *Journal of Business Ethics*, Vol. 53, No. 3, pp. 247-265.

Hemmati, M. (2002) *Multi-Stakeholder Processes for Governance and Sustainability*, Earthscan, London.

Hibiki, A., Higashi, M. and Matsuda, A. (2004) "Determinants of Adoption of ISO14001 by a Japanese Publicly-Held Manufacturer and the Market Valuation of a Certified Firm", Paper presented at the 2004 Annual Conference of European Association of

Environmental and Resource Economics.

Ho, C. (2005) "Corporate Governance and Corporate Competitiveness: An International Analysis", *Corporate Governance: An International Review*, Vol. 13, No. 2, pp. 211-253.

Hofstede, G. (2001) *Culture's Consequences: Comparing Values, Behaviours, Institutions and Organisations Across Nations*, 2nd ed., Sage, Thousand Oaks, CA.

Hoshi, T. and Kashyap, A. (2001) *Corporate Financing and Governance in Japan: The Road to the Future*, MIT Press, Cambridge.（鯉渕賢訳『日本金融システム進化論』日本経済新聞社, 2006年）

Humble, J.,Jackson, D. andThomson, A. (1994) "The Strategic Power of Corporate Values", *Long Range Planning*, Vol. 27, Issue 6, pp. 28-43.

Husted, B.W. and Allen, D.B. (2006) "Corporate Social Responsibility in the Multinational Enterprise: Strategic and Institutional Approaches", *Journal of International Business Studies*, Vol.37, pp. 838-849.

ILO (2007) *Corporate Social Responsibility in Multinational Companies: Management Initiatives or Negotiated Agreements?*, International Labor Organization.

IMD (2006) *World Competitiveness Yearbook*.

Ingram, P. and Simons, T. (1995) "Institutional and Resource Dependence Determinants of Responsiveness to Work-Family Issues", *Academy of Management Journal*, Vol. 38, No. 5, pp. 1466-1482.

International Monetary Fund (1993) *Balance of Payments Manual*, 5th ed., International Monetary Fund, New York.

Ishii-Kuntz, M., Makino, K., Kato, K. and Tsuchiya, M. (2004) "Japanese Fathers of Preschoolers and Their Involvement in Child Care", *Journal of Marriage Family*, Vol. 66, No. 3, pp. 779-791.

Iwai, K. (1999) "Persons, Things and Corporations: The Corporate Personality Controversy and Comparative Corporate Governance", *American Journal of Comparative Law*, Vol. 47, No. 4, pp. 583-632.

Iwai, K. (2002) "The Nature of the Business Corporation: Its Legal Structure and Economic Functions", *Japanese Economic Review*, Vol. 53, Issue 3, pp. 243-273.

Jäger, U. (2010) *Managing Social Businesses: Mission, Governance, Strategy, and Accountability*, Palgrave Macmillan, Hampshire, NY.

Jamali, D., Safieddine, A. M. and Rabbath, M. (2008) "Corporate Governance and Corporate Social Responsibility Synergies and Interrelationships", *Corporate Governance: an International Review*, Vol. 16, No. 5, pp. 443-459.

Johnson, C. A. (1982) *MITI and the Japanese Miracle: the Growth of Industrial Policy, 1925-1975*, Stanford University Press, Stanford.（矢野俊比古監訳『通産省と日本の奇跡』TBSブリタニカ, 1982年）

Jones, T. M. (1980) "Corporate Social Responsibility Revisited, Redefined", *California Management Review*, Vol. 22, Issue 3, pp. 59-67.

Jones, T. M. and Wicks, A. C. (1999) "Convergent Stakeholder Theory", *Academy of Management Review*, Vol. 24, Issue 2, pp. 206-221.

Jorgensen, A. L. and Knudsen, J. S. (2006) "Sustainable Competitiveness in Global Value Chains: How do Small Danish Firm Behave?", *Corporate Governance*, Vol. 6, Issue 4, pp. 449-462.

Joyner, B. E. and Payne, D. (2002) "Evolution and Implementation: A Study of Values, Business Ethics and Corporate Social Responsibility", *Journal of Business Ethics*, Vol. 41, pp. 297-311.

Juholin, E. (2004) "For Business or the Good of All? A Finnish Approach to Corporate Social Responsibility", *Corporate Governance*, Vol. 4, Issue 3, pp. 20-31.

Kamesaka, A., Nofsinger, J.R. and Kawakita, H. (2003) "Investment Patterns and Performance of Investor Groups in Japan", *Pacific-Basin Finance Journal*, Vol. 11, Issue 1, pp. 1-22.

Kang, J. and Stulz, R.M. (1997) "Why is There a Home Bias? An Analysis of Foreign Portfolio Equity Ownership in Japan", *Journal of Financial Economics*, Vol. 46, Issue 1, pp. 3-28.

Kanter, R. M. (1977) "Some Effects of Proportions on Group Life: Skewed Sex Ratios and Responses to Token Women", *American Journal of Sociology*, Vol. 82, No. 5, pp. 965-990.

Katz, R. and Allen, T.J. (1982) "Investigating the 'Not Invented Here' (NIH) Syndrome: A Look at the Performance, Tenure and Communication Patterns of 50 R&D Project Groups", *R&D Management*, Vol. 12, Issue 1, pp. 7-20.

Kay, J. (1993) *Foundations of Corporate Success*, Oxford University Press, Oxford.

Keasey, K. and Wright, M. (1997) *Corporate Governance: Responsibilities, Risks, and Remuneration*, John Wiley & Sons, New York.

Kerlin, J. A. (2006) "Social Enterprise in the United States and Abroad: Learning From Our Differences", in Mosher-Williams, R. (Ed.), *Research on Social Entrepreneurship, ARNOVA Occasional Paper Series*, Vol. 1, No. 3, Aspen Institute, Washington, D.C., pp. 105-126.

Konrad, A. M. and Mangel, R. (2000) "The Impact of Work-Life Programs on Firm Productivity", *Strategic Management Journal*, Vol. 21, No. 12, pp. 1225-1237.

Kotter, P. J. (1995) "Leading Change: Why Transformation Efforts Fail", *Harvard Business Review*, Vol. 73, Issue 2, pp. 59-67.

KPMG (2008) *International Survey of Corporate Responsibility Reporting*.

Lawrence, A. T., Weber, J. and Post, J. E. (2005) *Business and Society: Stakeholders, Ethics, Public Policy*, MacGraw Hill, Boston.

Lewin, A.Y., Sakano, T., Stephens, C.U. and Victor, B. (1995) "Corporate Ciitizenship in Japan: Survey Results from Japanese Firms", *Journal of Business Ethics*, Vol. 14, Issue 2, pp. 83-101.

Light, P. C. (2006) "Searching for Social Entrepreneurs", in Mosher-Williams, R. (Ed.), *Research on Social Entrepreneurship, ARNOVA Occasional Paper Series*, Vol. 1, No. 3, Aspen Institute, Washington, D.C., pp. 13-37.

Lin, I. L. (2006) *Profit through Goodwill: Corporate Social Responsibility in China and Taiwan*, UMI, Ann Arbor.

Lowell, B. L. (2007) "The New Metrics of Corporate Performance: Profit Per Employee", *The McKinsey Quarterly*.

Lozano, J. M. (2002) Towards the Relational Corporation: From Managing Stakeholder Relations to Building Stakeholder Relationships, *Corporate Governance*, Vol. 5, Issue 2, pp. 60-77.

Mackey, A., Mackey, T. B. and Barney, J. B. (2007) "Corporate Social Responsibility and Firm Performance: Investor Preferences and Corporate Strategies", *Academy of Management Review*, Vol. 32, Issue 3, pp. 817-835.

Maignan, I., Ferrell, O.C., Hult, G. and Tomas, M. (1999) "Corporate Citizenship: Cultural Antecedents and Business Benefits", *Journal of the Academy of Marketing Science*, Vol. 27, No. 4, pp. 455-469.

Mallin, C. A. (ed.) (2009) *Corporate Social Responsibility: A Case Study Approach*, Edward Elgar Publishing Cheltenham.

Margolis, J.D. and Walsh, J.P. (2001) *People and Profits? The Search for a Link Between a Firm's Social and Financial Performance*, Lawrence Erlbaum, Mahwah, NJ.

Matten, D. & Moon, J. (2008) "Implicit and explicit CSR: A Conceptual Framework for a Comparative Understanding of Corporate Social Responsibility", *Academy of Management Review*, Vol. 33, No. 2, pp. 404-424.

Mawson, A. (2008) *The Social Entrepreneur: Making Communities Work*, Atlantic Books, London.

McGregor, J., Arndt, M., Berner, R., Rowley, I., Hall, K., Edmonson, G., Hamm, S.,Moon, I. and Reinhard, A. (2006) "The World's Most Innovative Companies", *Business Week*, Issue 3981.

McIntosh, M., Thomas, R., Leipziger, D. and Coleman, G. (2003) *Living Corporate Ciitizenship: Strategic Routes to Socially Responsible Business*, Prentice Hall Financial Times, London.

McWilliams, A. and Siegel, D. (2001) "Corporate Social Responsibility: A Theory of the Firm Perspective", *Academy of Management Review*, Vol. 26, No. 1, pp. 117-127.

Meyer, J. W. and Rowan, B. (1977) "Institutionalized Organizations: Formal Structure as Myth and Ceremony", *American Journal of Sociology*, Vol. 83, No. 2, pp. 340-363.

Milliken, F. J., Martins, L. L. and Morgan, H. (1998) "Explaining Organizational Responsiveness to Work-Family Issues: The Role of Human Resource Executives as Issue Interpreters", *Academy of Management Journal*, Vol. 41, No. 5, pp. 580-592.

Mintzberg, H. (1987) "Crafting Strategy", *Harvard Business Review*, Vol. 65, Issue 4, pp.

66-75.
Mintzberg, H. (1994) *The Rise and Fall of Strategic Planning*, Free Press, New York. (中村元一監訳：黒田哲彦, 崔大龍, 小高照男訳『「戦略計画」創造的破壊の時代』産能大学出版部, 1997年)
Mintzberg, H. (2001) "Thoughts on Schools", in Volderda H. W. and Elfring, T. (Eds.), *Rethinking Strategy*, SAGE Publications, London, Thousand Oaks, California, pp. 41-42.
Mintzberg, H.B. (1998) *Strategy Safari*, The Free Press, N.Y. (斎藤嘉則監訳『戦略サファリ』東洋経済新報社, 1999年)
Mirvis, P. and Googins, B. (2006) "Stages of Corporate Citizenship", *California Management Review*, Vol. 48, No. 2, pp. 104-126.
Morgan, H. and Milliken, F.J. (1992) "Keys to Action: Understanding Differences in Organisations' Responsiveness to Work-and Family Issues", *Human Resource Management*, Vol. 31, Issue 3, pp. 227-248.
Morsing, M. and Beckmann, S. C. (Eds.) (2006) *Strategic CSR Communication*, DJØF Publishing, Copenhagen.
Mulgan, G., Ali, R., Halkett, R. and Sanders, B. (2007a) "In and Out of Sync: the Challenge of Growing Social Innovations", NESTA, London.
Mulgan, G., Tucker, S., Ali, R., and Sanders, B. (2007b) "Social Innovation: What It Is, Why It Matters and How It Can Be Accelerated", Skoll Centre for Social Entrepreneurship, Said Business School, University of Oxford, London.
Muller, A. (2006) "Global Versus Local CSR Strategies", *European Management Journal*, Vol. 24, No. 2-3, pp. 189-198.
Muniapan, B. and Dass, M. (2008) "Corporate Social Responsibility: a Philosophical Approach from an Ancient Indian Perspective", *International Journal of Indian Culture and Business Management*, Vol. 1, No. 4, pp. 408-420.
Nakamura, M., Takahashi, T. and Vertinsky, I. (2001) "Why Japanese Firms Choose to Certify: A Study of Managerial Responses to Environmental Issues", *Journal of Environmental Economics and Management*, Vol. 42, Issue 1, pp. 23-52.
Nelson, J. and Zadek, S. (2001) *Partnership Alchemy: New Social Partnerships in Europe*, The Copenhagen Center.
Neumayer, E. and Perkins, R. (2004) "What Explains the Uneven Take-up of ISO 14001 at the Global Level? A Panel Data Analysis", *Environment and Planning A*, Vol. 36, pp. 823-839.
Nwete, B. (2007) "Corporate Social Responsibility and Transparency in the Development of Energy and Mining Projects in Emerging Markets; Is Soft Law the Answer?", *German Law Journal*, Vol. 8, No. 4, pp. 311-339.
O'Shaughnessy, K.C., Gedajlovic, E. and Reinmoeller, P. (2007) "The Influence of Firm, Industry and Network on the Corporate Social Performance of Japanese Firm", *Asia*

Pacific Journal of Management, Vol. 24, Issue 3, pp. 283-303.

OECD (2006) *Education at a Glance 2006*, Paris: Organisation for Economic Co-operation and Development.

OECD (2008) *OECD Factbook 2008*, Paris: Organisation for Economic Co-operation and Development.

Ogawa, S. (1998) "Does Sticky Information Affect the Locus of Innovation?: Evidence from the Japanese Convenience-Store Industry", *Research Policy*, Vol. 26, No. 7, pp. 777-790.

Orlitzky, M., Schmidt, F.L. and Rynes, S.L. (2003) "Corporate Social and Financial Performance: A Meta-Analysis", *Organisation Studies*, Vol. 24, No. 3, pp. 403-441.

Osterman, P. (1995) "Work/Family Programs and the Employment Relationship", *Administrative Science Quarterly*, Vol. 40, No. 4, pp. 681-700.

Ostrom, E. (1990) *Governing the Commons: the Evolution of Institutions for Collective Action*, Cambridge University Press, Cambridge.

Page, J. P. (2005) *Corporate Governance and Value Creation*, University of Sherbrook, Research Foundation of CFA Institute, Charlottesville, VA.

Perry-Smith, J. E. and Blum, T. C. (2000) "Work-Family Human Resource Bundles and Perceived Organizational Performance", *Academy of Management Journal*, Vol. 43, No. 6, pp. 1107-1117.

Pettigrew, A. M. (1990) "Longitudinal Field Research on Change: Theory and Practice", *Organization Science*, Vol. 1, No. 3, pp. 267-292.

Pfeffer, J. and Salancik, G. R. (1978) *The External Control of Organizations: a Resource Dependence Perspective*, Harper & Row, New York.

Popoli, P. (2011) "Linking CSR Strategy and Brand Image: Different Approaches in Local and Global Markets," *Marketing Theory*, Vol. 11, Issue 4, pp. 419-433.

Porter, M. E. (1980) *Competitive Strategy: Techniques for Analyzing Industries and Competitors*, Free Press, New York. (土岐　坤, 中辻萬治, 服部照夫訳『競争の戦略』ダイヤモンド社, 1995年)

Porter, M. E. (1985) *Competitive Advantage: Creating and Sustaining Superior Performance*, Free Press, New York. (土岐　坤, 中辻萬治, 小野寺武夫訳『競争優位の戦略』ダイヤモンド社, 1985年)

Porter, M.E. and Wayland, R. (1992) "Capital Disadvantage: America's Failing Capital Investment System", *Harvard Business Review*, Vol. 70, Issue 5, pp. 65-82.

Porter, M. E. (1996) "What is Strategy?", *Harvard Business Review*, Vol. 74, Issue 6, pp. 61-78.

Porter, M. E. (1998) "Clusters and the New Economics of Competition", *Harvard Business Review*, Vol. 76, Issue 6, pp. 77-90.

Porter, M. E. (2001) "Innovation: Location Matter", *MIT Sloan Management Review*, Vol. 12, No.4, pp 28-36.

Porter, M. E. and Kramer, M. R. (1999) "Philanthropy's New Agenda: Creating Value," *Harvard Business Review*, Vol. 77, Issue 6, pp. 121-130.

Porter, M. E. and Kramer, M. R. (2002) "The Competitive Advantage of Corporate Philanthropy", *Harvard Business Review*, Vol. 80, Issue 12, pp. 56-69.

Porter, M. E. and Kramer, M. R. (2006) "Strategy and Society: The Link Between Competitive Advantage and Corporate Social Responsibility", *Harvard Business Review*, Vol. 84, Issue. 12, pp. 78-92.

Porter, M. E. and Kramer, M.R. (2011) "Creating Shared Value, "*Harvard Business Review*, Vol. 89, Issue 1/2, pp. 62-77.

Porter, M. E. and Van der Linde, C. (1995) "Green and Competitive: Ending the Stalemate", *Harvard Business Review*, Vol. 73, Issue 5, pp. 120-134.

Prahalad, C. K. and Hammond, A. (2002) "Serving the World's Poor, Profitably", *Harvard Business Review*, Vol. 80, Issue. 9, pp. 48-57.

Prahalad, C. K. and Ramaswamy, V. (2004) *The Future of Competition: Co-Creating Unique Value with Customers*, Harvard Business School Press, Boston.（有賀裕子訳『価値共創の未来へ―顧客と企業の co-creation』ランダムハウス講談社, 2004 年）

PRI (2009), *Annual Report 2009*, Principles for Responsible Investment.

Pruzan, P. (2001) "The Question of Organizational Consciousness: Can Organizations Have Values, Virtures and Visions?", *Journal of Business Ethics*, Vol. 29, No. 3, pp. 271-284.

Pruzan, P. and Thyssen, O. (1990) "Conflict and Consensus: Ethics as a Shared Value Horizon for Strategic Planning", *Human Systems Management*, Vol. 9, pp. 135-151.

Ramseyer, J. M. (1979) "Thrift and Diligence. House Codes of Tokugawa Merchant Families", *Monumenta Nipponica*, Vol. 34 No. 2, pp. 209-230.

Ravetz, J. R. (1971) *Scientific Knowledge and its Social Problems*, Clarendon Press, Gloucestershire.（中山 茂訳『産業化科学の批判のために』秀潤社, 1977 年）

Redlich, F. (1951) "Innovation in Business: A Systematic Presentation", *American Journal of Economics and Sociology*, Vol. 10, No. 3, pp. 285-291.

Reinicke, W. H. and Deng, F. (2000) *Critical Choices: The United Nations, Networks, and the Future of Global Governance*, IDRC, Ottawa.

Roberson, Q. M. and Park, H. J. (2007) "Examining the Link Between Diversity and Firm Performance: The Effects of Diversity Reputation and Leader Racial Diversity", *Group & Organization Management*, Vol. 32, No. 5, pp. 548-568.

Robertson, D. C. and Nicholson, N. (1996) "Expressions of Corporate Social Responsibility in U.K. Firms", *Journal of Business Ethics*, Vol. 15, No. 10, pp. 1095-1106.

Robin, D. P. and Reidenbach, R. E. (1988) "Integrating Social Responsibility and Ethics Into the Strategic Planning Process", *Business and Professional Ethics Journal*, Vol. 7, Issue 3/4, pp. 29-46.

Roman, R.M., Hayibor, S. and Agle, B.R. (1999) "The Relationship between Social and Financial Performance", *Business and Society*, Vol. 38, No. 1, pp. 109-125.

Rumelt, R. P. (1984) "Towards a Strategic Theory of the Firm", in B. Lamb (Ed.), *Competitive Strategic Management*, pp. 556-570.
Sadowski, B.M. and Sadowski-Rasters, G. (2006) "On the Innovativeness of Foreign Affiliates: Evidence from Companies in The Netherlands", *Research Policy*, Vol. 35, Issue 3, pp. 447-462.
Saz-Carranza, Á. (2007) "Managing Interorganizational Networks: Leadership, Paradox, and Power", Doctoral Thesis Dissertation, ESADE Business School, Barcelona.
Schein, E. H. (1985) *Organizational Culture and Leadership*, Jossey-Bass Publishers, San Francisco. (梅津祐良・横山哲夫訳『組織文化とリーダーシップ』白桃書房、2012年)
Schnietz, K. E. and Epstein, M. J. (2005) "Exploring the Financial Value of Reputation for Corporate Responsibility During a Crisis", *Corporate Reputation Review*, Vol. 7, Issue 4, pp. 327-345.
Sethi, S. P. (1975) "Dimensions of Corporate Social Responsibility", *California Management Review*, Vol. 17, Issue 3, pp. 58-64.
SIF, U. S. (2007) *Report on Socially Responsible Investing Trends in the United States*, Social Investment Forum.
Singh, V., Kumra, S., and Vinnicombe, S. (2002) "Gender and Impression Management: Playing the Promotion Game", *Journal of Business Ethics*, Vol. 37, No. 1, pp. 77-89.
Sison, A. J. G. (2000) "The Cultural Dimension of Codes of Corporate Governance: A Focus on the Olivencia Report", *Journal of Business Ethic*, Vol. 27, Issue 1-2, pp. 181-192.
Smith, J. (2010) "Power, Interests, and the United Nations Global Compact" in Porter, T. and Ronit, K. eds, *The Challenges of Global Business Authority: Democratic Renewal, Stalemate, or Decay?*, State University of New York Press, Albany.
Smith, N. C. (2003) "Corporate Social Responsibility: Whether or How?", *California Management Review*, Vol. 45, Issue 4, pp. 52-76.
Smith, N. C. (2005) "Responsibility Inc.", *Business Strategy Review*, Vol. 16, Issue 2, pp. 62-65.
Smith, N. C. and Lenssen, G. (2009) *Mainstreaming Corporate Responsibility*, Wiley.
Smith, W., Wokutch, E., Harrington, V. and Dennis, B. (2001) "An Examination of the Influence of Diversity and Stakeholder Role on Corporate Social Orientation", *Business and Society*, Vol. 40, Issue 3, pp. 266-294.
Solomon, A., Solomon, J., and Suto, M. (2004) "Can the UK Experience Provide Lessons for the Evolution of SRI in Japan?", *Corporate Governance: An International Review*, Vol. 12, Issue 4, pp. 552-566.
Solomon, R. C. (1993) *Ethics and Excellence. Cooperation and Integrity in Business*, Oxford University Press, Oxford.
Stake, R. (2000) "Qualitative Case Studies", in Denzin, N.K. and Lincoln, Y.S. (Ed), The SAGE *Handbook of Qualitative Research*, Sage, Thousand Oaks, CA.

引用文献 197

Stake, R. E. (1995) *The Art of Case Study Research*, Sage, Thousand Oaks, CA.
Steinberg, S. and Kruckman, L. (2000) "Reinventing Fatherhood in Japan and Canada", *Social Science & Medicine*, Vol. 50, No. 9, pp. 1257-1272.
Steiner, G. A. and Steiner, J. F. (2000) *Business, Government and Society*, McGraw Hill, Boston.
Stewart, T. A. (2006) "Corporate Social Responsibility: Getting the Logic Right", *Harvard Business Review*, Vol. 84, Issue 12, pp. 14-15.
Sum, N. and Ngai, P. (2005) "Globalization and Paradoxes of Ethical Transnational Production: Code of Conduct in Chinese Workplace", *Competition & Change*, Vol. 9, Issue 2, pp. 181-200.
Swanson, D. L. (1995) "Addressing a Theoretical Problem by Reorienting the Corporate Social Performance Model", *Academy of Management Review*, Vol. 20, No. 1, pp. 43-64.
Tanimoto, K. (2004) "Changes in the Market Society and Corporate Social Responsibility", *Asian Business & Management*, Vol. 3, No. 2, pp. 151-172, Reprint in Clarke, T. and Rama, M. D. (Eds.) (2006) *Corporate Governance and Globalization*, Volume III, Convergence and Diversity, SAGE.
Tanimoto, K. (2006) "Evaluation of Corporate Social Responsibility (CSR) and the Market", in The Japan Association for Comparative Studies of Management (ed.), *Business and Society*. Kyoto: Bunirikaku, pp. 95-103.
Tanimoto, K. (2007) "Corporate Social Responsibility and Public Policy", ADBI Conference: Best Practices in Corporate Social Responsibility in Asia, http://www.adbiorg/conf-seminar-papers/2007/10/30/2392.csrtanimoto
Tanimoto, K. (2009) "Structural Change in Corporate Society and CSR in Japan", in Fukukawa, K. (ed.), *Corporate Social Responsibility in Asia*, Routledge, London, New York, pp. 45-65.
Tanimoto, K. and Doi, M. (2007) "Social Innovation Cluster in Action: A Case Study of the San Francisco Bay Area", *Hitotsubashi Journal of Commerce and Management*, Vol. 41, Issue 1, pp. 1-17.
Tanimoto, K. and Suzuki, K. (2005) "Corporate Social Responsibility in Japan: Analyzing the Participating Companies in Global Reporting Initiative", EIJS, Stockholm School of Economics, Working Paper Series, No. 208, Stockholm.
Thurow, L. C. (1992) *Head to Head: the Coming Battle among Japan, Europe and America*, Colston Leigh Inc. (土屋尚彦訳『大接戦』講談社, 1992 年)
TRAC (2000) *Tangled Up In Blue: Corporate Partnerships at the United Nations*, Transnational Resource & Action Center.
Tricker, R. I. (1994) *International Corporate Governance: Text, Readings, and Cases*, Prentice Hall, New York.
Tsalikis, J. and Seaton, B. (2008) "The International Business Ethics Index: Japan", *Journal of Business Ethics*, Vol. 80, Issue 2, pp. 379-385.

UK Government (2006) *Social Enterprise Action Plan Scaling New Heights*, Cabinet Office, Office of the Third Sector, London.
UN Global Compact and Accenture (2010) *A New Era of Sustainability*, Accenture.
UN (1987) *Report for the World Commission on Environment and Development: Our Common Future*.
Useem, M. (1998) "Corporate Leadership in a Globalising Equity Market", *Academy of Management Executive*, Vol. 12, No. 4, pp. 43-59.
Utting, P. and Marques, J. C. (Eds.) (2010) *Corporate Social Responsibility and Regulatory Governance: Towards Inclusive Development?*, Palgrave Macmillan, Hampshire.
Vallejo, N. and Hauselmann, P. (2004) *Governance and Multi-stakeholder Processes*, IISD.
Valor, C. (2005) "Corporate Social Responsibility and Corporate Citizenship: Towards Corporate Accountability", *Business and Society Review*, Vol. 110, Issue 2, pp. 191-213.
Van de Ven, B. and Jeurissen, R. (2005) "Competing Responsibly", *Business Ethics Quarterly*, Vol. 15, Issue 2, pp. 299-317.
Vilanova, M., Lozano, J. M. and Arenas, D. (2009) "Exploring the Nature of the Relationship Between CSR and Competitiveness", *Journal of Business Ethics*, Vol. 87, Issue 1, Supplement, pp. 57-69.
Vilanova, M. and Tanimoto, K. (2009) *Best Environmental Practices of Aeon: A Case Study*, Greenretail, (http://www.greeningretail.ca/Research/index.dot)
von Hippel, E. (1994) "Sticky Information and the Locus of Problem Solving: Implications for Innovation", *Management Science*, Vol. 40, No. 4, pp. 429-439.
von Hippel, E. (2005) Democratizing Innovation, MIT Press, Cambridge, MA. (サイコム・インターナショナル監訳『民主化するイノベーションの時代―メーカー主導からの脱皮』ファーストプレス, 2006年)
Waddock, S. (2000) "The Multiple Bottom Lines of Corporate Citizenship: Social Investing, Reputation, and Responsibility Audits", *Business & Society Review*, Vol. 105, Issue 3, pp. 323-346.
Waldfogel, J., Higuchi, Y. and Abe, M. (1999) "Family Leave Policies and Women's Retention After Childbirth: Evidence From the United States, Britain, and Japan", *Journal of Population Economics*, Vol. 12, No. 4, pp. 523-545.
Wang, L. and Juslin, H. (2009) "The Impact of Chinese Culture on Corporate Social Responsibility: The Harmony Approach", *Journal of Business Ethics*, Vol.88, Issue 3, Supplement, pp. 433-451.
Wejnert, B. (2002) "Integrating Models of Diffusion of Innovations: A Conceptual Framework", *Annual Review of Sociology*, Vol. 28, pp. 297-326.
Welch, E.W., Mori, Y. and Aoyagi-Usui, M. (2002) "Voluntary Adoption of ISO 14001 in Japan: Mechanisms, Stages and Effects", *Business Strategy and the Environment*, Vol. 11, Issue 1, pp. 43-62.
Welford, R. (2004) "Corporate Social Responsibility in Europe and Asia: Critical Elements

and Best Practice", *Journal of Corporate Citizenship*, Issue 13, pp. 31-47.
Westley, F., Zimmerman, B. and Patton, M. (2006) *Getting to Maybe: How the World is Changed*, Random House of Canada Ltd., Toronto.（東出顕子訳『誰が世界を変えるのか：ソーシャルイノベーションはここから始まる』英治出版, 2008年）
Whetten, D. A., Rands, G. and Godfrey, P. (2001) "What are the Responsibilities of Business in Society?", in Pettigrew.A., T. Howard and Whittington,R. (eds.) *Handbook of Strategy and Management*, Sage, London.
Wicks, A. C. (1996) "Overcoming the Separation Thesis: The Need for Reconsideration of Business and Society Research", *Business and Society*, Vol. 35, Issue 1, pp. 89-118.
Wokutch, R.E. and Shepard, J.M. (1999) "The Maturing of the Japanese Economy: Corporate Social Responsibility Implications", *Business Ethics Quarterly*, Vol. 9, Issue 3, pp. 527-540.
Wood, S. J., de Menezes, L. M. and Lasaosa, A. (2003) "Family-Friendly Management in Great Britain: Testing Various Perspectives", *Industrial Relations*, Vol. 42, No. 2, pp. 221-250.
Wood, S., de Menezes, J., Lilian, M. and Lasaosa, A. (2003) "Family-Friendly Management in Great Britain", *Industrial Relations*, Vol. 42, Issue 2, pp. 221-250.
WBCSD (1999) *Corporate Social Responsibility: Meeting Changing Expectations*, World Business Council for Sustainable Development.
WEF (2003) *Global Competitiveness Report*, World Economic Forum.
Yoshikawa, T., Phan, P.H. and David, P. (2005) "The Impact of Ownership Structure on Wage Intensity in Japanese Corporations", *Journal of Management*, Vol. 31, No. 2, pp. 278-300.
Yunus, M. (2010) *Building Social Business: The New Kind of Capitalism That Serves Humanity's Most Pressing Needs*, Public Affairs, New York.（千葉敏生訳『ソーシャル・ビジネス革命：世界の課題を解決する新たな経済システム』早川書房, 2010年）
Zadek, S. (2001) *The Civil Corporation: the New Economy of Corporate Citizenship*, Earthscan, London.
Zadek, S. (2004) "On Civil Governance", *Development*, Vol. 47, Issue 3, pp. 20-28.
Zadek, S. (2006) "Responsible Competitiveness: Reshaping Global Markets Through Responsible Business", *Corporate Governance*, Vol. 6, Issue 4, pp. 334-348.

青木昌彦 (1995)『経済システムの進化と多元性：比較制度分析序説』東洋経済新報社.
(translated by Jehlik, S. (2001) *Information, Corporate Governance, and Institutional Diversity: Competitiveness in Japan, the USA, and the Transitional Economies*, Oxford University Press, Oxford.)
浅沼万里・菊谷達弥 (1997)『日本の企業組織 革新的適応のメカニズム』東洋経済新報社.
阿部謹也 (1995)『「世間」とは何か』講談社.
飯田哲也・丸山康司・柏谷 至・鈴木 亨・長谷川公一 (2003)「市民主体型のエネルギー

政策に関する研究」財団法人消費生活研究所。
伊丹敬之・加護野忠男（1989）『ゼミナール　経営学入門』日本経済新聞社。
伊藤正晴（2007）『強化が続く事業会社の株式持ち合い，銀行も強化へ』大和総研（2007年11月27日）。
岩井克人（2005）『会社はだれのものか』平凡社。
大室悦賀（2009）「ソーシャル・イノベーション：NPO法人北海道グリーンファンドの市民風車を事例として」『京都マネジメント・レビュー』第16号。
大室悦賀・大平修司（2013）「ソーシャル・イノベーションの普及と社会的責任投資家―出資動機と行動変容」『日本経営学会誌』第31号。
岡本大輔・梅津光弘（(2006）『企業評価＋企業倫理』慶應義塾大学出版会。
小川　進（2006）『競争的共創論―革新参加社会の到来』白桃書房。
奥村　宏（1984）『法人資本主義』御茶の水書房。
小倉榮一郎（1981）『近江商人の系譜』日本経済新聞社。
小倉榮一郎（1988）『近江商人の経営』サンブライト出版。
小倉榮一郎（1991）『近江商人の経営管理』中央経済社。
上井喜彦・野村正実（2001）『日本企業：理論と現実』ミネルヴァ書房。(translated by Williams, B. (2004) *Japanese Companies: Theories and Realities*, Trans Pacific Press, Melbourne.)
環境省（2004）『環境報告ガイドライン』。
企業と社会フォーラム編（2012）『持続可能な発展とマルチ・ステイクホルダー』千倉書房。
菊地正俊（2007）『外国人投資家』洋泉社。
黒木文明（2003）「持ち合い解消に見る企業と銀行の関係」『ニッセイ基礎研究所レポート』，2003年10月号。
経済同友会（2007）「CSRイノベーション」。
小池和男（1991）『仕事の経済学』東洋経済新報社。(translated by Saso, M. (1996) *The Economics of Work in Japan*, Macmillan.)
公正取引委員会（2009）「企業におけるコンプライアンス体制の整備状況に関する調査」。
公正取引委員会（2012）「平成23年度における独占禁止法違反事件の処理状況について」。
厚生労働省（2002）「少子化対策プラスワン」。
厚生労働省（2003）「次世代育成支援に関する当面の取組方針」。
厚生労働省（2003）「『出生前後の就業変化に関する統計』の概況～人口動態職業・産業別統計と21世紀出生児縦断調査のリンケージ分析（平成15年度人口動態統計特殊報告）」。
厚生労働省（2004）「『出生前後の就業変化に関する統計』の概況―人口動態職業・産業別統計と21世紀出生児縦断調査のリンケージ分析」（平成15年度人口動態統計特殊報告）。
厚生労働省（2005a）「平成16年度女性雇用管理基本調査」。
厚生労働省（2005b）「10月は『仕事と家庭を考える月間』です」報道発表資料（平成17年9月29日）。
財団法人年金シニアプラン総合研究機構（2008）「SRI及びPRIに関する調査報告書」。
財務省（2008a）「対外・対内証券投資の推移2005」。

財務省（2008b）「対外・対内証券投資の推移」。
財務省財務総合政策研究所（2000）「少子高齢化の進展と今後のわが国経済社会の展望」研究報告書。
佐々木隆文（2005）「女性に優しい会社は良い会社か」『週刊東洋経済増刊号：環境・CSR2006 最強CSR経営』東洋経済新報社，11月号，pp. 58-61。
滋野由起子（2006）「就労と出産・育児の両立―企業の育児支援と保育所の出生率回復への効果」樋口美雄・財務省財務総合政策研究所編著『少子化と日本の経済社会』日本評論社，pp. 81-114。
滋野由起子・大日康史（1998）「育児休業制度の女性の結婚と就業継続への影響」『日本労働研究雑誌』No. 459, pp. 39-49。
代田　純（2002）『日本の株式市場と外国人投資家』東洋経済新報社。
末永國紀（1995）「近江商人中村治兵衛宗岸の「書置」と「家訓」について―「三方よし」の原典考証」『同志社商学』第50巻第5・6号。
末永國紀（2000）『近江商人：現代を生き抜くビジネスの指針』中央公論新社。
末永國紀（2004）『近江商人学入門』サンライズ出版。
末永國紀（2005）「近江商人の経営理念について―「三方よし」とCSR」『同志社商学』第56巻第5・6号。
末永國紀（2011）『近江商人　三方よし経営に学ぶ』ミネルヴァ書房。
谷本寛治（1987）『企業権力の社会的制御』千倉書房。
谷本寛治（1993）『企業社会システム論』千倉書房。
谷本寛治（2002）『企業社会のリコンストラクション』千倉書房（2008年，新装版）。
谷本寛治（2004）「CSRと企業評価」『組織科学』Vol. 38, No. 2, pp. 18-28。
谷本寛治（2006）『CSR―企業と社会を考える』NTT出版。
谷本寛治（2013）『責任ある競争力』NTT出版。
谷本寛治編（2003）『SRI社会的責任投資入門―市場が企業に迫る新たな規律』日本経済新聞社。
谷本寛治編（2004）『CSR経営』中央経済社。
谷本寛治編（2006）『ソーシャル・エンタープライズ―社会的企業の台頭』中央経済社。
谷本寛治編（2007）『SRIと新しい企業・金融』東洋経済新報社。
谷本寛治・大室悦賀・大平修司・土肥将敦・古村公久（2013）『ソーシャル・イノベーションの創出と普及』NTT出版。
テレワーク推進フォーラム（2006）「テレワーク推進フォーラム会員に対するアンケート調査結果の概要」。
東京証券取引所（2008）「平成19年度従業員持株会状況調査の調査結果について」。
東洋経済新報社（1972―2000）『企業系列総覧』。
東洋経済新報社（2004）『会社四季報2004年秋号』。
東洋経済新報社（2005―2013）『CSR企業総覧』。
内閣府（2005）「男女共同参画社会に関する世論調査」。
日経ビジネス編（1989）『良い会社』日本経済新聞社。

引用文献

日本経営学会編（1975）『企業の社会的責任』千倉書房。
博報堂（2007）「環境に関する生活者の意識調査2007」
松嶋　登・高橋勅徳（2007）「制度的企業家の概念規定―埋め込まれたエージェンシーのパラドクスに対する理論的考察」神戸大学経営学研究科ディスカッション・ペーパー，48号。
松下幸之助（2004）『企業の社会的責任とは何か』PHP研究所。
松田茂樹（2006）「企業における仕事と家庭生活の両立支援策」『ライフデザインレポート』第一生命経済研究所，7-8月号，pp. 4-15。
丸尾直美（1998）「仕事と家庭にかかわる社会保障政策の課題」『日本労働研究雑誌』No. 459, pp. 11-24。
森田陽子・金子能宏（1998）「育児休業制度の普及と女性雇用者の勤続年数」『日本労働研究雑誌』No. 459, pp. 50-62。
文部科学省（2006）「平成18年度学校基本調査」。
連合（2003）「女性の参画は依然停滞」『WEEKLYれんごう』第617号。
連合総合生活開発研究所（1996）「女性労働者のキャリア形成と人事処遇制度の運用実態に関する調査研究報告書」『連合総研レポート』第96号，pp. 16-25。

初出一覧

第 1 章 「企業社会の構造変化と CSR」
"Structural Change in Corporate Society and CSR in Japan", *Corporate Social Responsibility in Asia*, ch.2, ed. by K. Fukukawa, Routledge, pp. 45-65, 2009.

第 2 章 「CSR の源流と現在の CSR」
"Sanpoyoshi and CSR", *Encyclopedia of Corporate Social Responsibility*, eds. by Idowu, S. O., Capaldi, N. Zu, L. and Das Gupta, A., Vol.4, Springer, pp. 2107-2114, 2012.

第 3 章 「CSR と海外投資家」
"Does Foreign Investment Matter? The Effects of Foreign Investment on the Institutionalization of Corporate Social Responsibility by Japanese Firms", with Kenji Suzuki (Meiji University)* and Ari Kok (Stockholm School of Economics)*, *Asian Business & Management*, Vol.9, No.3, pp. 379-400, 2010.

第 4 章 「CSR と働く両親」
"Support for Working Parents: Government Policies and Corporate Responses in Japan", with Kenji Suzuki (Meiji University)* and Naoki Atsumi (Fujitsu Research Institute)*, *Asian Business & Management*, Vol.7, No.3, pp. 297-319, 2008.

第 5 章 「CSR とマネジメント・プロセス」
"Corporate Social Responsibility and Management Process in Japanese Corporations", in *World Review of Entrepreneurship, Management and Sustainable Development*, Vol.9, No.1, pp.10-25, 2013.

第 6 章 「CSR と責任ある競争力」
"Responsible Competitiveness: Exploring the Link between CSR and Core Competitiveness Factors", with Marc Vilanova (ESADE)*, Proceedings of EBEN Annual Conterence, Antwerp, Belgium, 2011.9.

第 7 章 「CSR と公共政策」
"The Failure of CSR and Public Policy", Proceedings of CSR International Workshop: Economic Crisis and CSR, Kosif and Adenauer Foundation, Seoul, Korea, 2009.6.

第8章 「ソーシャル・イノベーションの創出プロセス」
"The Emergent Process of Social Innovation: Multi-Stakeholders Perspective",
International Journal of Innovation and Regional Development, special issue:
Innovative Entrepreneurship, Vol.4, No.3/4, pp.267-280, 2012.
＊（共著者の所属は当時）

（訳出協力者）
　前田佐保：神戸大学大学院経営学研究科博士課程在籍，大手前大学他非常勤講師
　齊藤紀子：千葉商科大学人間社会学部専任講師，企業と社会フォーラム事務局長

執筆者紹介
谷本 寛治（たにもと・かんじ）
　早稲田大学商学学術院商学部教授。大阪市生まれ。1984 年神戸大学大学院経営学研究科博士課程修了。1989 年経営学博士（神戸大学）。一橋大学大学院商学研究科教授などを経て、2012 年より現職。2011 年より企業と社会フォーラム（JFBS）会長。専門は、企業システム論、「企業と社会」論。
　近著に、『企業社会のリコンストラクション』（新装版）千倉書房、2008、『責任ある競争力』NTT 出版、2013 年、『ソーシャル・イノベーションの創出と普及』（共著）NTT 出版、2013 年などがある。
　研究室 HP　http://tanimoto-office.jp/

JCOPY ＜(社)出版者著作権管理機構 委託出版物＞
本書のコピー、スキャン、デジタル化など無断複写は著作権法上での例外を除き禁じられています。複写される場合は、そのつど事前に(社)出版者著作権管理機構（電話 03-3513-6969、FAX 03-3513-6979、e-mail: info@jcopy.or.jp）の許諾を得てください。また、本書を代行業者などの第三者に依頼してスキャンやデジタル化することは、たとえ個人や家庭内での利用であっても一切認められておりません。

『日本企業の CSR 経営』

2014 年 8 月 22 日　初版第 1 刷発行

著作者　谷本　寛治
発行者　千倉　成示

発行所　㈱千倉書房
〒104-0031　東京都中央区京橋 2-4-12
電　話・03（3273）3931代
http://www.chikura.co.jp/

©2014 谷本寛治、Printed in Japan
印刷・中央印刷／製本・井上製本所／装丁・島　一恵
ISBN978-4-8051-1044-7